El Jardín Silencio

El Jardín Silencioso

Una guía para los padres para criar a un niño sordo

Paul W. Ogden y David H. Smith

Aportes Culturales y Traducción por
Helda L. Pinzón de Pérez

Preámbulo por
Irma J. de Sánchez

Gallaudet University Press [Casa Impresora de la Universidad Gallaudet] / *Washington, DC*

Gallaudet University Press [Casa Impresora de la Universidad Gallaudet]
Washington, DC 20002

http://gupress.gallaudet.edu

Library of Congress Cataloging-in-Publication Data

Names: Ogden, Paul W., author.
Title: El jardâin silencioso : guâia para padres de niänos sordos / Paul W.
    Ogden y David H. Smith ; traducido por Helda L. Pinzâon de Pâerez.
Other titles: Silent garden. English
Description: Washington, DC : Gallaudet University Press, [2017]
Identifiers: LCCN 2017016511| ISBN 9781944838164 (pbk. : alk. paper) |
    ISBN 9781944838171
Subjects: LCSH: Deaf children—Family relationships. | Deaf children—
    Education.
Classification: LCC HV2392.2 .O3418 2017 | DDC 649/.1512—dc23
LC record available at https://lccn.loc.gov/2017016511

∞ El papel de este libro cumple con los requisitos de ANSI/NISO Z39.
48-1992 (La permanencia del papel).

Aclaración

En los aspectos relacionados con el género, este libro ha sido traducido usando la forma masculina. Debatimos mucho si la traducción debía indicar las dos formas del género (por ejemplo: hijo[a] o hij@, pero para facilitar la fluidez de la lectura y respetar los parámetros culturales, decidimos usar la forma masculina, tal como tradicionalmente se usa en el español escrito). Sin embargo, la traductora y los autores queremos hacer la aclaración de que los conceptos aquí descritos son aplicables a mujeres y hombres por igual y que no deseamos de ninguna manera, en la traducción de este libro, reforzar estereotipos asociados con el género. De antemano pedimos disculpas si esto genera alguna incomodidad para el lector.

Gracias

Dedicatoria

ESTE LIBRO ESTÁ dedicado a todos los estudiantes hispanos/latinos que han continuado compartiendo reflexiones sobre sus hábitos, valores y creencias con el profesorado, personal y estudiantes de la Universidad Estatal de California, Fresno. Ellos nos ayudaron a dar forma a *El jardín silencioso* desde el punto de vista cultural. Muchos de estos estudiantes han superado obstáculos muy grandes para graduarse y convertirse en profesionales que trabajan con niños sordos o con dificultades auditivas y con sus familias.

Este libro también está dedicado a la señora Dorothy C. Ogden, la mamá de Paul, quien fue una persona muy especial. Ella tuvo cuatro hijos, dos de los cuales son sordos. El siguiente poema tiene un valor muy especial para la mamá de Paul porque le ayudó a entender el significado de la vida de sus dos hijos sordos.

Un niño muy especial del cielo

¡Una reunión se efectuó muy lejos de la tierra!
"Es el momento de otro nacimiento",
Le dijeron los ángeles al SEÑOR allá arriba
"Este niño especial necesitará mucho amor".

Su progreso puede ser muy lento,
Los logros puede que no se muestren

Y requerirá un cuidado extra
De las personas que él conocerá allá abajo.

Por ello seamos cuidadosos del lugar al que lo enviamos;
Queremos que su vida sea feliz.
Por favor, SEÑOR, encuéntrale unos padres y maestros que
Hagan un buen trabajo para Ti.

Ellos no se darán cuenta inmediatamente
Del papel fundamental que se les ha pedido desempeñar
Pero con este niño enviado desde arriba
Viene una Fé más fuerte y un amor más enriquecido.

Y pronto ellos sabrán el privilegio que se les ha dado
Al cuidar este regalo del Cielo;
Su precioso encargo, tan manso y tan suave
Es un niño muy especial del cielo.

Por: Edna Massionilla

Este libro también está dedicado a los padres de David, Jean y Harry Smith. Ellos siempre tuvieron expectativas muy altas y nunca esperaron menos que logros estupendos de su hijo en respuesta a las personas escépticas e incrédulas.

Contenidos

Preámbulo

Irma J. de Sánchez

PUDE VER el dolor en los ojos de la audióloga. "Lo siento", dijo, "pero su hijo tiene una pérdida auditiva bilateral, severa y profunda en ambos oídos".

¿"Qué significa eso"?-pregunté.

"Significa que su bebé es sordo. El no puede oír nada y no hablará".

Ese momento hace veintiún años quedará grabado para siempre en mi memoria. Sentí que me estaba ahogando en un océano de información y de términos médicos que no entendía. No había nadie que pudiera rescatarme o aliviar mi dolor.

Luego, unos años más tarde, un profesor y mentor Sordo me dio un libro titulado *The Silent Garden* [*El jardín silencioso*]. Se convirtió en mi salvavidas y aliado. Cuando me sentía sola, perdida y necesitada de conectarme con más familias con niños sordos y con problemas auditivos, abría el libro y leía mi frase favorita: "Para el niño que ha sido sordo desde el nacimiento o poco después, nada ha sido alterado. Para usted, la vida ha cambiado permanentemente". Esta es una verdad que la mayoría de nosotros, los padres, realmente no vemos ni entendemos; este es un ejemplo de la sabiduría que mi esposo y yo sacamos de este invaluable recurso. Hemos criado no sólo uno, sino tres hijos sordos en base a los principios que aprendimos en *El jardín silencioso*. Hoy, mi hijo de veintitrés años es un estudiante universitario, un excelente comunicador, un modelo a seguir para otros jóvenes sordos, y un miembro orgulloso de la comunidad Sorda.

Tuve la oportunidad de leer la primera versión en español de este libro y la encontré tan empoderadora y educativa como la versión en inglés. Esta segunda edición actualizada de la versión en español, ofrece una estrategia detallada sobre cómo criar a su hijo Sordo o con Dificultades Auditivas [DHH, por su sigla en inglés], aportando consejos y ejemplos para ayudarle a construir y fortalecer su relación con su hijo o hija. Es una guía paso a paso que lo cubre todo, desde el diagnóstico, los sentimientos y cómo lidiar con ellos, las identidades, los modos de amplificación, y la importancia de la familia y sus dinámicas.

Es mi deseo que todos los padres que están criando a un niño sordo o con dificultades auditivas, especialmente aquellos que hablan español, tengan algún día una copia de este maravilloso volumen. Es un vínculo con más familias que comparten las mismas circunstancias y preocupaciones. Este libro es una joya para aquellos padres que puedan haber descubierto recientemente que tienen un hijo sordo o con dificultades auditivas. Brinda información de un valor incalculable, ofreciendo el punto de vista de varios padres y expertos sordos, y aportando una visión general que ayuda a comprender el sistema educativo para sordos. Como padres a menudo nos preguntamos si estamos haciendo lo suficiente; si estamos eligiendo un camino para nuestros hijos que los conducirá a un futuro satisfactorio; y si hay algo más que deberíamos estar haciendo. *El jardín silencioso* le da a los padres la esperanza y la seguridad de que ser padres cariñosos, comprensivos y dedicados es la clave del éxito.

Los invito a caminar por los bellos caminos de *El jardín silencioso*, a oler las flores, a contemplar el paisaje, y a tomarse el tiempo necesario para absorber la información vital que aquí se expone. Espero que acoja con los brazos abiertos su nuevo viaje a emprender. ¡Feliz lectura!

Prefacio a la segunda edición

SI USTED HA escogido este libro, lo más probable es que usted sea padre de un niño sordo o que esté interesado en obtener información acerca de la sordera. ¡Bienvenido a *El jardín silencioso*! Ha llegado al lugar adecuado, donde vamos a mostrarle que usted no está solo; que hay una comunidad Sorda próspera que se deleita en el intercambio de información. De hecho, el intercambio de información es la piedra angular, o de acuerdo con nuestro tema de la jardinería, tal vez deberíamos decir que es el "fertilizante" de la comunidad Sorda. Este libro pretende ser de fácil lectura, sin muchas de las palabras técnicas o académicas que los profesores, como nosotros, tendemos a utilizar. Como observará, hay muchísima información disponible al respecto y hemos colocado algunas referencias en las notas al final del capítulo para ayudarle a empezar a investigar estos temas en más profundidad.

Mucho ha cambiado en los años transcurridos entre la publicación de la primera edición de *El jardín silencioso* (2002) y esta segunda edición. El Lenguaje de Señas Americano (ASL, por su sigla en inglés) ha evolucionado desde una condición de inferioridad a ser plenamente reconocido como un lenguaje capaz de expresar los conceptos más abstractos. ASL es actualmente la tercera lengua más enseñada como segundo idioma en los Estados Unidos de acuerdo con la Asociación de Lenguas Modernas [Modern Language Association]. Los implantes cocleares, que antes se veían como un experimento médico controvertido, han mejorado drásticamente y son lo suficientemente pequeños como para caber completamente detrás de la oreja. Ahora se están convirtiendo en algo común en niños de hasta doce meses de edad, cuando el desarrollo del lenguaje es más crítico. Incluso los audífonos han pasado a ser digitales y pueden hacer cosas que antes eran imposibles. La tecnología visual ha eliminado muchas de las barreras de comunicación que restringían el acceso a la comunicación de las personas sordas, lo que ha hecho que sea mucho más fácil que triunfen en el entorno laboral y se mantengan en contacto con familiares y amigos.

Ya no sorprende ver a personas sordas trabajando en profesiones que antes se creía que eran imposibles para ellas, como el deporte profesional, la actuación, el derecho, la medicina, la ortodoncia, la ingeniería, la política, el mercado de valores, la música, la danza, y el campo de la ciencia o la docencia universitaria, como es la nuestra. Además, gracias a una gran cantidad de sitios de Internet, películas, vídeos, programas de televisión, libros y artículos de prensa sobre las personas sordas, hoy en día hay cada vez más individuos que reconocen que el ser sordo no tiene que ver con el nivel de audición, sino con la comunicación. A pesar de que muchas personas en el mundo de los oyentes piensan que todos los sordos usan el lenguaje de señas, sabemos que hay una gran cantidad de gente con sordera que también se comunica mediante el lenguaje hablado con varios niveles de habilidad.

Las mejoras en el conocimiento y la aceptación de la sordera, así como la presencia de personas sordas o con dificultades auditivas en el mundo laboral y que contribuyen en la vida cotidiana, ha ayudado a asentar en la conciencia colectiva una idea que alguna vez pudo parecer incomprensible— que el ser sordo no es una discapacidad, sino un estado diferente; pero que no es más limitado, restringido ni incapacitante que el de ser oyente.

Si las cosas han mejorado tanto desde la última edición de este libro, ¿por qué estamos emprendiendo la tarea monumental de revisar y expandir un libro para los padres de niños sordos sobre la toma de decisiones que tendrán que afrontar? ¿No tienen ellos acceso a todo lo que necesitan saber sobre cómo lidiar con la sordera de su hijo? ¿No han sido finalmente entendidas las vidas de las personas sordas?

Es cierto que hay muchos autores que han explorado la vida de las personas sordas durante las últimas décadas. Sin embargo, la mayoría de los padres de niños sordos carecen de información práctica y completa sobre los desafíos complejos a los que se enfrentan. Estos padres, especialmente si pueden oír, van a tener que familiarizarse de manera muy rápida con un nuevo mundo y, probablemente, con una nueva lengua y cultura. Más que nunca, estos padres necesitan un compañero y guía. El laberinto de fuentes de información que hay sobre ideologías profesionales, opciones educativas y estilos de comunicación se ha vuelto aún más complicado gracias a la proliferación de sitios en la red cibernética. Los padres de hoy necesitan educarse a sí mismos de forma rápida y exhaustiva sobre los muchos y contradictorios puntos de vista acerca de lo que es mejor para sus hijos sordos.

Estos puntos de vista contradictorios y sesgados sobre la mejor manera de criar a un niño sordo pueden causar consternación entre los padres y, a su vez, entre los propios niños sordos, a medida que crecen y se convierten en adultos. Como usted comprobará, o probablemente ya sepa, existen principalmente dos puntos de vista; y nosotros, los autores de este libro, hemos experimentado de manera personal los dos lados del debate, ya que ambos crecimos aprendiendo y usando solamente el lenguaje hablado y aprendimos el lenguaje de señas ASL [ASL es una sigla que significa "Lenguaje Americano de Señas"] pasada nuestra adolescencia. Aunque no nos arrepentimos de la manera en que se nos crió y pensamos que nuestros padres lo hicieron bien, pero sin duda a ambos nos hubiera gustado tener la experiencia de haber aprendido el lenguaje de señas ASL desde una edad temprana.

El propósito de este libro es exponer varios puntos de vista de la manera más neutral posible; sin embargo, como todos los demás, nosotros también tenemos nuestras propias preferencias. Creemos que a los niños sordos se les debe enseñar el lenguaje de señas, exponerlos a adultos sordos que sean modelos a seguir, y sí, sin duda alguna, también darles acceso a escuchar y aprender el lenguaje hablado, si es posible. Pero también queremos que usted conozca las posibles dificultades. Deje que sus hijos sean los que guíen el camino hacia el acceso a la comunicación, porque ellos naturalmente la anhelarán y la necesitarán en cualquier modalidad en la que les sea posible alcanzarla, al mismo tiempo que desarrollarán sus propias preferencias y estilo de comunicación.

Una cosa no ha cambiado a través de los años, y es el deseo urgente de los padres de hacer todo lo que puedan para tomar aquellas decisiones que les permitan a sus hijos convertirse en adultos fuertes, sanos, autónomos y en miembros productivos de la sociedad. El sentimiento de amor y responsabilidad que todos los padres sienten puede tener un peso especial sobre los padres de los niños sordos y con dificultades auditivas.

Como profesionales y escritores sordos, los autores también experimentamos un sentido de responsabilidad hacia los niños. Esta es la razón, así como el éxito de la versión original de *El jardín silencioso,* que nos inspiró a producir una segunda edición para poner a disposición del lector la información actualizada. Este libro intenta ser una referencia exhaustiva y actualizada que incluye todos los consejos, estímulos y datos científicos que los padres necesitan para tomar decisiones.

A lo largo de los años, Paul Ogden entrevistó a más de cuatrocientos padres de niños sordos prelocutivos; además, ha discutido con quinientas personas sordas la vida de los sordos en lo que se refiere a la infancia, al aprendizaje y a la comunicación. La primera década de esa investigación se refleja en el original de *El jardín silencioso.* La segunda edición incorpora toda una segunda década de entrevistas y discusiones, y refleja la ampliación de su experiencia y de su punto de vista. Ya que muchos de los temas e historias personales de las entrevistas recopiladas en la primera y segunda edición siguen siendo relevantes, hemos decidido dejarlos intactos en esta edición. Algunas cosas puede que nunca cambien, especialmente a nivel humano, a pesar de todos los grandes avances que hemos visto.

Incluso si usted ya está familiarizado con la vida de los sordos y con la gran variedad de aspectos culturales y de comunicación relacionados con la sordera, aquí podrá encontrar más ideas que le ayudarán a convertirse en el mejor defensor de su hijo. Si usted está entrando en este mundo por primera vez, prepárese a descubrir nuevas formas de aprender y de comunicarse. Aquello que le pueda parecer extraño al principio, poco a poco se irá definiendo hasta tomar forma coherente, lleno de significado y magia.

Con el fin de garantizar la veracidad de la traducción del inglés al español, la versión traducida de este libro fue revisada por seis personas hispano parlantes y un editor profesional de habla hispania) y sus sugerencias fueron incluidas en la edición final. También es importante aclarar que la traducción al español de "sign language" puede ser "lenguaje de señas" o "lenguaje de signos". En este libro utilizaremos el término "lenguaje de señas" ya que es el más usado en la literatura hispana/latina relacionada con este tema. También es importante aclarar que en esta nueva edición en español, los nombres propios de las personas mencionadas en el libro se dejaron en el idioma original y no se tradujeron del inglés al español para ayudar al lector a identificar el contexto geográfico-cultural de las personas entrevistadas.

Esta edición nueva de *El jardín silencioso* se ha escrito con base en la investigación, en las experiencias y en los estudios llevados a cabo con familias hispanas/latinas. Aunque los autores reconocen que ellos no son hispanos/latinos, quieren asegurarle al lector que han hecho todo lo posible para que este recurso sea culturalmente apropiado y de utilidad para la comunidad hispana/latina. Ellos han escrito este libro no sólo con su intelecto, sino también con su corazón.

∼

Ser sordo no es ser *silencioso*; no es algo que pueda describirse en una sola palabra o frase. Más bien, es un rango; un espectro de condiciones. El término se aplica a las personas que son profundamente sordas, con poca o ninguna audición, al igual que a las personas que tienen dificultades auditivas leves, y a todas las personas que entran dentro de este rango. Es un tanto irónico que muchas de las publicaciones y boletines antiguos publicados por la comunidad Sorda usaran el término *silencioso* en el título, como en *The Silent Worker* [*El obrero silencioso*]. Contrariamente a los estercotipos que aún persisten, las personas sordas definitivamente no son silenciosas. Muchos hablan, y todos se ríen, lloran y se regocijan en voz alta. De hecho, usted se puede sorprender de lo ruidosos y orgullosos que pueden ser.

Algunos lectores sordos de la versión original de *El jardín silencioso* se opusieron a la palabra *silencioso* en el título. Les parecía que esta palabra distorsionaba la visión de la vida de las personas sordas ante aquellos que más necesitaban entenderla—los padres de niños y de jóvenes sordos. Una vez más, decidimos mantener la palabra *silencioso*, no por su capacidad descriptiva, sino por su significado poético y evocador. Concluímos el comienzo de este libro con unas palabras de Paul:

> Soy completamente sordo; no oigo ni un solo sonido. En cambio, experimento el mundo a través de la visión. Cuando pienso en un jardín silencioso, pienso en mi versión del paraíso, que significa la comunicación perfecta: basta de interrupciones, malentendidos, confusiones; basta de búsquedas de palabras. En mi imaginación, puedo ver el lugar donde esta dulce interacción tiene lugar. Está situado en la cima de una colina con vistas impresionantes del cercano océano y de cimas de montañas nevadas en la distancia.

> No oigo las olas al romperse —siento la espuma del agua en mi cara. No oigo el viento —siento la brisa en mi pelo. No oigo los amaneceres ni los atardeceres —aprecio la espectacular mezcla naranja, rosa y gris sobre el horizonte. No oigo las estrellas—veo luces diminutas y penetrantes que brillan en el cielo nocturno. No oigo a los animales silvestres—disfruto de los lugares donde ellos viven. No oigo a un amigo llamarme por mi nombre—siento su toque en mi hombro o veo su gesto de saludo.

> Bienvenido al jardín silencioso, un mundo de color y movimiento tan hermoso, tan atractivo, tan rico en información y significado que le cautivará. Disfrute de su viaje y no olvide detenerse y descansar entre los lechos de flores que componen el mosaico tan único de nuestro jardín.

Agradecimientos

Ha habido muchas personas a lo largo de este trayecto que nos han animado, instado, y persuadido a que lleváramos a cabo y completáramos el proyecto de traducción de este libro. Nuestras esposas, Anne y Rachel, han compartido sus opiniones con sensibilidad y han asumido voluntariamente muchas tareas que podrían distraernos para dejarnos escribir. También han renunciado a muchas tardes y fines de semana, que estaban reservados a nuestro tiempo en común para que pudiéramos seguir trabajando. Han sido unas entrenadoras extraordinarias con palabras alentadoras y cariñosas.

Otros familiares y amigos nos han animado a escribir esta nueva edición de *El Jardín Silencioso*. La Dra. Helda Pinzón de Pérez fue instrumental en darle forma a este libro, aportando mucha información sobre la cultura, el sistema de valores y las creencias hispanas/latinas. Las siguientes personas B. Dêsirêe Castro, María Castillo Ochotorena Sanjuan, Lucas Soto, e Irma J. de Sánchez, leyeron muchas veces el libro y nos dieron sus sugerencias a medida que lo revisábamos. Nuestros tres ex alumnos del Programa de Estudios de Sordos, Anacorina Lola, Patricia Cruz Rodríguez, y Francisca Hernández-Casillas merecen todo nuestro reconocimiento por instarnos a que la edición se tradujera al español y por recordarnos continuamente del potencial tan positivo de *El Jardín Silencioso*.

xix

Este libro no sería lo que es sin las siguientes personas: Antonina Cardinalli, Lizbeth Clayton, Dr. Benjamín Cuellar, Dr. Nancy Delich, Elizabeth González, Susan Kane, Barbara Lincoln, Barbara Montan, Dunbar and Annegret Ogden, Melinda Pate, Dr. Stephen D. Roberts, Erin Uribe Ruiz, y el profesorado, el personal de apoyo y los estudiantes de la Universidad Estatal de California, Fresno y la Universidad de Tennessee, Knoxville.

Nuestros más cálidos abrazos para todas las familias y los adultos sordos y con problemas auditivos que hemos conocido a lo largo del camino y que han contribuido tan generosa y abiertamente durante sus entrevistas, pláticas y visitas sociales con nosotros. Sus recuerdos personales y sus ideas le han añadido vida a *El jardín silencioso*.

Por último, dirigimos nuestro más profundo agradecimiento a Ivey Pittle Wallace y al personal de la Casa Impresora de la universidad de Gallaudet. Su aliento y su apoyo nos ha permitido navegar por este proyecto con mucha más facilidad. Un agradecimiento muy especial a las siguientes personas por la revisiones excelentes que le hicieron al libro: Pilar García Bonilla, Lucas Soto, y Rosemi Mederos, quienes además encontraron formas de darle mayor claridad y nos dieron comentarios muy significativos para el libro. También le agradecemos a Tracey Salaway por la portada perfecta del libro con su fotografía digital, *El jardín silencioso*.

El Jardín Silencioso

Parte 1
Primero lo primero

1 Introducción

Esta versión en español de *The Silent Garden* [*El jardín silencioso*] intenta ser un recurso para los padres y otros encargados o cuidadores de niños sordos o con dificultades auditivas, que incorpore una discusión del papel de la cultura hispana/latina en lo que respecta a la comunicación y a la sordera. Este libro aborda de los patrones únicos de relaciones y de lenguaje que se dan entre las poblaciones hispanas/latinas y de la importancia que estos tienen en la educación de un niño sordo o con problemas de audición. A pesar de que la universalidad de la experiencia de ser sordo o de tener dificultades auditivas es, en muchos sentidos, la misma en todas las culturas, los matices lingüísticos y familiares de la cultura hispana/latina deben tenerse en cuenta cuando se escribe un libro para los miembros de este grupo.

Los hispanos/latinos son aquellas personas nacidas en Cuba, México, Puerto Rico, América Central o del Sur, así como aquellos que descienden de una cultura o país hispanoparlante, independientemente de la raza[1]. Este grupo también incluye a las personas nacidas en España. La Oficina del Censo de los Estados Unidos [US Census Bureau] (2012) indica que hay un número estimado de 52,9 millones de hispanos/latinos viviendo en los Estados Unidos, lo que corresponde al 16,9 % de la población. Este grupo creció cuatro veces más rápido que otros grupos étnico-culturales de los Estados Unidos, y

3

se estima que para el año 2060, la población hispana/latina constará de 128,8 millones de personas en los Estados Unidos, lo que corresponde a aproximadamente uno de cada tres habitantes[2]. Esta tendencia también se refleja entre la población de estudiantes sordos de origen hispano-americano, ya que éste es el segmento minoritario de más rápido crecimiento entre la población de sordos[3].

Aunque algunas personas prefieren el término *hispano*, otros prefieren el término *latino* (*latina* para las mujeres y *latino* para los hombres). Sin embargo, otros prefieren la denominación asociada a su país de origen específico (por ejemplo, colombos americanos). Los estudios realizados por el Centro de Investigación Pew [The Pew Research Center] muestran que la mayoría (el 51 por ciento) se identifican más a menudo con el país de origen de su familia y alrededor del 24 por ciento prefiere otras denominaciones[4]. La mayoría de los expertos están de acuerdo en que las personas hispanas y latinas generalmente aceptan el descriptor *hispano/latino*. Esa es la razón por la que los autores utilizamos este término en el libro. Para efectos de este libro, se usará el término "hispano/latino" como término unificador de las múltiples vertientes e ideologías existentes al respecto. Esperamos que *El jardín silencioso* sea un recurso culturalmente apropiado que demuestre sensibilidad y respeto para con nuestros lectores.

El prefacio de este libro contiene una frase familiar para muchas personas sordas y, sorprendentemente, para muchos oyentes: el ser sordo no tiene que ver con el nivel de audición, sino con el *acceso a la comunicación*. Para aclarar esta observación, tiene sentido empezar con la terminología. ¿Qué queremos decir cuando hablamos de personas *sordas* o *con dificultades auditivas*? ¿A quién, precisamente, se refieren estos términos?

Existe una buena explicación para la confusión que rodea a estas preguntas: las personas sordas y con dificultades auditivas no constituyen un grupo homogéneo, sino que forman un grupo que difiere en muchos aspectos. Sin embargo, como explica nuestro compañero, el Dr. Thomas Holcomb, estas personas tienen en común los siguientes rasgos:

1. el deseo de tener acceso total a la comunicación y al lenguaje,
2. el deseo de tener acceso a la información de su entorno,
3. la necesidad de desarrollar una identidad propia positiva, y
4. la capacidad de tomar sus propias decisiones, o la libre determinación[5].

Algunos de los términos y etiquetas pueden ser confusos, tales como los términos *con dificultades auditivas, con limitaciones auditivas, hipoacúsico,* o *sordo* con "s" minúscula o con "S" mayúscula, dependiendo de la identidad o pertenencia a la comunidad Sorda. Otros términos, como *discapacitado auditivo* y *sordo-mudo,* se consideran anticuados e incluso ofensivos. Además, por lo general es innecesario el uso del término "gente que es", como en "la gente que es sorda". El uso de términos como *gente sorda* y *gente con dificultades auditivas* es perfectamente aceptable y es el formato que seguimos en este libro, como ya probablemente haya notado. Por último, al igual que ocurre con cualquier otro tipo de etiqueta, la mejor estrategia es simplemente preguntarle a la gente qué es lo que ellos prefieren. Algunos proclaman con orgullo a los cuatro vientos que son Sordos (con letra mayúscula para resaltar su identidad cultural), mientras que otros prefieren que nadie lo sepa y declaran que su estado auditivo no los define en absoluto. Hemos decidido utilizar el término *sordo* (con letra minúscula) por simplificar y no para señalar ni excluir otras formas de identidad que puedan hallarse en esta población tan diversa.

Aquí hay una lista parcial de algunas de las posibles formas con las que se identifica la gente:

- Sordo
- Sordo y usuario de un implante coclear
- Sordo y parcialmente ciego
- Sordo-Ciego
- Sordo con parálisis cerebral
- sordo
- sordo y usuario de un implante coclear
- sordo-ciego

- sordo y parcialmente ciego
- con limitación auditiva o hipoacúsico
- con limitación auditiva y parcialmente ciego
- con limitación auditiva y ciego
- oyente
- sordo-tardío
- sordo-tardío con neurofibromatosis Tipo 2
- sordo parlante

Dada la gran variedad de individuos que existen dentro de la población sorda, no es de extrañar que las personas ajenas a este grupo a menudo se confundan acerca de lo que somos. En los últimos años, a medida que los escritores e investigadores han tratado de describirnos con mayor precisión, se ha hecho evidente que las generalizaciones son inútiles y sin relación con los criterios previamente acordados. Las siguientes preguntas esbozan las diez características distintivas que se utilizan para definir el rango de posibilidades que existe dentro de la población sorda.

1. *¿Cuánta capacidad de audición tiene la persona?* Las personas oyentes a menudo se preguntan por qué algunas personas se benefician del uso de audífonos o implantes cocleares mientras que otras no se benefician en absoluto. Se preguntan por qué algunas personas sordas pueden hablar por teléfono mientras que otras no pueden. Los niveles de pérdida auditiva varían de una persona a otra y van desde una pérdida leve, a una pérdida moderada, severa, y hasta a una pérdida profunda. Sólo un puñado de personas sordas tiene lo que la mayoría de la gente llamaría *sordera total*. En los Estados Unidos el 3,1 por ciento de la población mayor de 15 años reportó tener dificultades auditivas y el 0,5 por ciento indicó tener una dificultad severa para oír en el censo del año 2010[2].

2. *¿A qué edad se produjo la pérdida de la audición?* Tenga en cuenta que algunas personas nacieron con su estado auditivo actual y por lo tanto nunca "perdieron" lo que nunca tuvieron en primer lugar. Por otra parte, hay aquellos que perdieron la capacidad de oír después del nacimiento. Sabemos de personas

sordas que hablan muy bien y que pueden tocar el piano brillan-
temente. Muchas personas se maravillan de lo que para ellos es
una contradicción: un músico sordo. Sin embargo, conocemos
el caso de una persona que, tras haber tomado clases de piano
durante doce años, contrajo meningitis espinal y perdió el
oído por completo a la edad de diecisiete años. Ella a veces se
rinde a la tentación de confundir a la gente oyente fingiendo
que siempre ha sido sorda. No es de extrañar que las personas
sordas se diviertan a costa de la ingenuidad de la gente oyente
con respecto a la sordera.

3. *¿Qué tipo de pérdida auditiva tiene la persona?* La pérdida auditiva puede ser definida como una pérdida de sensibilidad al
sonido, parcial o completa, producida por una anormalidad en
alguna parte del sistema auditivo. A efectos de esta discusión, a
continuación vamos a definir los cuatro tipos de pérdida auditiva.

a. *La pérdida conductiva de audición* es causada por una interrupción o bloqueo en el conducto auditivo externo o por
un defecto en los huesos del oído medio que impide que el
sonido llegue al oído interno. Las personas que tienen pérdida
auditiva conductiva a menudo se benefician con la cirugía
correctora y/o el uso de audífonos.

b. *La pérdida auditiva neurosensorial* es causada por una interrupción en la transmisión de la información del sonido al
cerebro en uno o más de los tres lugares siguientes: las células
ciliadas de la cóclea en el oído interno, la sinapsis nerviosa
entre el oído interno y el nervio auditivo, o en el nervio auditivo entre la cóclea y la corteza cerebral. La pérdida auditiva
neurosensorial suele ser incurable y los audífonos pueden o
no ayudar. A este tipo de pérdida auditiva es usualmente a la
que va dirigida el uso de los implantes cocleares.

c. *La pérdida auditiva mixta* es una combinación de la pérdida de audición conductiva y neurosensorial. La pérdida
auditiva mixta es la suma de las pérdidas resultantes de anor-
malidades tanto en los mecanismos conductivos como en
los mecanismos neurosensoriales del oído. En tales casos, la
pérdida de la audición causada por problemas conductivos

generalmente se puede tratar, pero la pérdida neurosensorial no; circunstancia que hace que este tipo de pérdida auditiva sea muy difícil de tratar.

d. *La neuropatía auditiva* es una condición en la que el sonido entra en el oído interno de manera normal y las células ciliadas internas reaccionan normalmente, pero hay una interrupción de la transmisión de señales desde el oído interno al cerebro. Las personas con neuropatía auditiva a veces pueden aparentar que oyen con normalidad, cuando en realidad tienen una pérdida de oído que va de leve a severa, por lo que estas personas suelen tener poca capacidad de percepción del lenguaje. Pueden ser capaces de escuchar sonidos, pero tienen dificultad para reconocer las palabras habladas. Aunque son pocas las personas que tienen esta condición, nos damos cuenta de que cada vez hay más personas que la tienen.

4. *¿Qué causó la pérdida de la audición?* Aunque hay sólo cuatro tipos de pérdida de la audición, el número de causas o etiologías posibles es mucho mayor. Las causas conocidas de la pérdida de la audición son: la herencia genética, la enfermedad, la toxicidad y las lesiones. Los profesionales médicos estiman que la herencia genética es la causa de la mitad de todos los casos de bebés nacidos sordos. En el 25 al 40 por ciento de los casos en neonatos, la causa es desconocida. La pérdida del oído puede ocurrir en cualquier momento del ciclo de vida—antes, durante o después del nacimiento. Por ejemplo, el que la madre embarazada padezca rubéola, sea infectada por el citomegalovirus (CMV) o ingiera ciertos medicamentos, puede causar la pérdida de la audición en el feto. También, las complicaciones en el parto, la presencia de una enfermedad de transmisión sexual en la madre, o la incompatibilidad Rh entre la madre y el niño pueden resultar en la pérdida de la audición. Después del nacimiento y durante toda la vida, también existen una gran cantidad de factores que pueden causar la pérdida de la audición, tales como la otitis media (infección del oído medio), la meningitis espinal, las infecciones bacterianas o virales, los accidentes automovilísticos, las alergias y la ingestión de sustancias tóxicas, entre otros.

Algunas causas de la pérdida de la audición, como la rubéola materna, el CMV, el trauma o los nacimientos prematuros, están asociados con otros problemas de salud o discapacidades. La sordera que se hereda genéticamente es el tipo que menos suele ir acompañada de otras discapacidades.

5. *¿Son los padres sordos?* De acuerdo con estimaciones comúnmente aceptadas, entre el 5 y el 10 por ciento de los niños sordos tienen padres sordos. Los niños sordos de padres sordos tienden a obtener mejores resultados en el plano cognitivo, en el campo del lenguaje, y en las áreas académicas que los niños sordos con padres oyentes[6]. Hay tres razones que se han propuesto para explicar este hallazgo: (1) la mayoría de los padres sordos poseen un sistema de comunicación fluida e inteligible en la forma del lenguaje de señas. Este puede ser el lenguaje de señas americano (ASL, por su sigla en inglés) utilizado en los Estados Unidos, el lenguaje de señas mexicano (LSM, por su sigla en español) que se utiliza en México, u otro lenguaje de señas acorde a su país de origen. Así, los padres sordos se comunican con su bebé de inmediato desde el nacimiento; (2) Los padres sordos tienen más tendencia que los padres oyentes a identificar de inmediato la sordera en su niño; y (3) ellos aceptan la sordera de su niño, y lo que es sorprendente para muchos, tienen la esperanza de tener un hijo sordo[7]. La forma en que los padres sordos facilitan el diagnóstico rápido de la pérdida auditiva y el acceso temprano a modelos de fluidez lingüística, y la forma en que aceptan el diagnóstico y responden a él puede servirles de ejemplo a los padres oyentes, quienes se hallan sumergidos en un mundo inexplorado de forma inesperada y nueva. Los padres sordos también constituyen un buen ejemplo de cómo la exposición constante al lenguaje y a la comunicación en general afecta el desarrollo integral del niño de manera positiva. Por supuesto que existen excepciones y no podemos decir que todo padre sordo sea un buen modelo, tal como ocurre con los padres en la población general.

6. *¿Cuánta y qué tipo de educación ha tenido la persona?* Existe una gran variedad de programas escolares para niños sordos o con dificultades auditivas. Algunos asisten a escuelas específicamente

diseñadas para estudiantes sordos, ya sean privadas o públicas, las cuales quedan a veces lejos de casa. Sin embargo, la mayoría asiste a escuelas donde son integrados en clases con niños oyentes, con o sin servicios de apoyo tales como intérpretes, tomadores de apuntes, tutores y especialistas en otros recursos. Los niños que tienen audífonos o implantes cocleares deben recibir el apoyo adecuado para el uso de estos dispositivos dentro y fuera del aula.

Los niveles de educación de las personas sordas son tan variados como los de las personas oyentes. Algunos estudiantes sordos asisten a universidades convencionales, las cuales en los Estados Unidos tienen la obligación de proporcionar servicios de apoyo cuando se los solicite, de acuerdo a la ley de Americanos con Discapacidades (ADA, por su sigla en inglés). Otros se benefician de programas universitarios dirigidos específicamente a estudiantes sordos que existen en los Estados Unidos.

7. *¿Cuáles son las características individuales distintivas de la persona?* Con respecto a la personalidad, la inteligencia, la composición genética, la influencia cultural y las otras características que contribuyen a la singularidad de cada persona, la población sorda no es diferente de la población oyente. Los seres humanos que son sordos no difieren de los que no lo son, excepto en sus niveles de audición y modos de comunicación. Sin embargo, a lo largo de la historia y hasta décadas recientes, las oportunidades de educación y de empleo para la gente sorda y con problemas auditivos eran extremadamente limitadas. Estas circunstancias excluyeron a una gran parte de la población sorda de la sociedad y los relegaron a escuelas y puestos de trabajo "especiales" (siendo a menudo estos lugares muy *limitados* en las posibilidades que ofrecían).

La importancia de la cultura hispana/latina en lo que se refiere a ser sordo será discutida ampliamente en otros capítulos de este libro. Aspectos culturales como la religiosidad (la centralidad de Dios, la fe y la iglesia en la vida familiar y comunitaria); el *familismo* (la importancia de la familia en las necesidades individuales y de la comunidad); la comunicación multilingüe (el uso del inglés, español, y/o ASL en la casa); la creencia en enfermedades y condiciones de salud "calientes" y "frías" (por ejemplo, las condiciones frías como la indigestión y las infecciones del aparato respiratorio superior, y las condiciones calientes como el mal de ojo, la ira y la pérdida del alma/enfermedad del susto), y el uso de curanderos tradicionales (como los curanderos generalistas, herbalistas, masajistas y psíquicos) juegan un papel importante para comprender y apreciar la sordera y las limitaciones auditivas entre los padres y cuidadores hispanos/latinos[8]. Estos elementos culturales pueden afectar la prontitud con la que las familias buscan atención médica, mientras tratan de darle sentido al rompecabezas generado por una situación tan inesperada como la sordera de un hijo.

Cabe destacar que la palabra *Sordo* cuando se escribe con S mayúscula denota una comunidad sorda, o con dificultades auditivas, orgullosa de serlo y que se identifica como un grupo cultural con identidad y valores propios. En los últimos años, la comunidad Sorda ha logrado definirse con más claridad ante la comunidad oyente y se ha beneficiado activamente de la expansión de oportunidades educativas. Como resultado de ello, las opciones a carreras profesionales se han abierto de forma ilimitada. Conocemos a médicos, veterinarios, abogados, magos profesionales, contadores, contratistas, mecánicos de automóvil, y actores/actrices que son sordos. Por cierto, también hemos conocido a personas sordas desagradables: vagos, delincuentes, criminales convictos, al igual que drogadictos sordos. Los únicos límites que experimentan las personas sordas son los mismos límites que tenemos todos los demás seres humanos.

8. *¿Cómo son los padres y otros miembros de la familia de la persona?* El clima familiar tiene mucho que ver con las oportunidades psicológicas, educativas y de formación profesional que se les ofrecen a los jóvenes. En las familias de los niños sordos, las decisiones que afectan las oportunidades de educación y de comunicación del niño están muy influenciadas por las características personales, sociales y culturales de los padres; el estilo de comunicación; sus sistemas de valores y sus creencias; la situación económica; y la opinión sobre la educación. Un punto que destacaremos aquí es el siguiente: la investigación ha demostrado que la participación

de los padres y sus expectativas son factores muy importantes en el éxito de los niños sordos[9, 10].

9. *¿Cuál es el medio principal de comunicación de la persona con la gente?* El público a menudo se sorprende al saber que las personas sordas utilizan una variedad de medios de comunicación—una variedad amplia e impresionante. De hecho, no es raro el conocer a individuos oyentes que malentienden por completo lo que es la sordera, confundiéndola incluso con la ceguera— hay muchas personas sordas, entre las que nos incluimos nosotros, que hemos recibido menús en braille en los restaurantes. Peor aún, hasta se nos ha tratado como si tuviésemos una discapacidad intelectual. La mayoría de la gente cree que las personas sordas se comunican a través de una combinación de la lectura labial (o "leer los labios"), cuya facilidad y eficacia a menudo se sobrestima, y del lenguaje de señas, que a menudo se subestima al no apreciarse su poder expresivo y su riqueza. Alguna gente mal informada, cuando ven a las personas sordas expresarse en el lenguaje de señas, asume que las señas equivalen a una especie de taquigrafía visual en inglés o en español. La verdad es que hay cuatro categorías principales de comunicación que se practican en la población sorda de los Estados Unidos, las cuales son:

a. ASL (sigla en inglés para el lenguaje de señas americano), la lengua materna de las personas sordas americanas;

b. audición (con dispositivos de ayuda) y el lenguaje hablado (LSL, por la sigla en inglés);

c. lenguaje de señas estrictamente basado en el inglés y con la influencia gramatical del inglés; (generalmente llamado *inglés codificado manualmente,* con enfoques específicos, como el *inglés por señas exactas* [SEE, por su sigla en inglés] y otros); y

d. una combinación del habla, de la lectura labial, de la audición, y del uso de señas, que abarca todas las gamas de posibilidades que existen entre el uso del lenguaje de señas y el lenguaje oral. A esto se le conoce por una variedad de nombres, tales como la *comunicación simultánea* (Sim-Com, por su sigla en inglés), el *uso de señas simplificado/Pidgin en inglés*

(Pidgin Sign English-PSE, por su sigla en inglés) y también se le conoce como *Contact Signing.*

La elección final refleja la preferencia de la propia persona, y depende de la familiaridad y del nivel de comodidad que tenga con el modo particular seleccionado. Esa elección se ve influenciada por una compleja mezcla de factores. Lo que es importante recordar aquí es que esta elección es personal y que está conformada e influenciada por todos los factores personales, culturales, sociales y genéticos que distinguen a cada individuo.

Al igual que en el mundo de los oyentes, donde las personas van de hacer gruñidos monosilábicos a ser grandes oradores, en el mundo de los sordos se encuentra una enorme gama de comunicadores, incluyendo a los siguientes:

   a. aquellos que hacen señas de manera rápida y enérgica,

   b. personas que "mascullean" al hacer señas,

   c. personas bilingües que son competentes tanto en ASL como en inglés (hablado o escrito),

   d. personas competentes en ASL pero no en inglés,

   e. personas que son competentes en el inglés hablado pero no en ASL, y

   f. personas que usan el lenguaje de señas y que lo acompañan del dramatismo natural y las cualidades estéticas de éste.

Atrás han quedado los días en los que se estereotipaba a los sordos como personas deprimidas y desanimadas que se quedan en casa. Hoy en día, se nos conoce en todos los ámbitos de la vida por lo que somos—individuos únicos que somos, entre otras muchas cosas, sordos o con limitaciones auditivas.

   10. *¿Cuáles son los lazos de la persona con la comunidad Sorda?* La forma en que una persona sorda se relaciona con la comunidad Sorda es también una cuestión de elección personal. Algunas personas sordas prefieren vivir y funcionar principalmente dentro de la comunidad Sorda; otros prefieren moverse exclusivamente en la sociedad oyente y aun otros pasan cantidades de tiempo variables en los dos mundos o pasan libremente del uno al otro según las circunstancias.

Como puede verse, las personas sordas abarcan una amplia gama de estilos de comunicación y de niveles de participación en la comunidad. Contribuyen de muchas maneras diferentes a la diversa población sorda y a la sociedad en general. A pesar de que nuestra diversidad es nuestra fortaleza, también es el origen de muchas preguntas y problemas que necesitan ser aclarados y comprendidos. Para ustedes los padres que se enfrentan a estos problemas por primera vez en nombre de su hijo, este revoltijo de posibilidades puede, sin duda, ser abrumador. Nuestro objetivo es guiarlos paso a paso a través de esta espesura, no como defensores de un solo punto de vista, sino como guías y facilitadores, ayudándoles a reunir la información y los conocimientos que necesitan para tomar sus propias decisiones.

En su papel de defensor de su hijo, usted se enfrentará a toda una serie de decisiones que nunca anticipó. Esperamos que esta breve introducción sobre la población sorda le ayude a familiarizarse con la realidad de las vivencias de los sordos. Más aún, esperamos afianzar su confianza en que, aunque difiera de la experiencia de los oyentes en lo que respecta al acceso a la comunicación, la vida con sordera puede traer consigo un mundo rico, productivo, emocionante, lleno de promesas y de posibilidades. El reto reside en conectar los dos mundos. A través de este texto nuestro objetivo es ayudarle a enfrentar esos retos y guiar a su hijo hacia la autonomía.

Notas

1. Sharon R. Ennis, Merarys Ríos-Vargas, y Nora G. Albert, *The Hispanic Population: 2010* [*La población hispana: 2010*] (Washington, DC: U.S. Census Bureau- Oficina del Censo de los Estados Unidos, 2011). Disponible en línea en www.census.gov/prod/cen2010/briefs/c2010br-04.pdf.

2. U.S. Census Bureau, *2012 National Population Projections* [Oficina del Censo de los Estados Unidos, *Proyecciones de la población nacional 2012*] y *Americans with Disabilities: 2010* [Americanos con Discapacidades: 2010] (Washington, DC: U.S. Census Bureau, 2012). Disponible en línea en www.census.gov/population/projection/data/national/2012.html y http://www.census.gov/search-results.html?q=deaf+people+in+the+

US&search.x=0&search.y=0&page=1&stateGeo=none&searchtype= web&cssp=SERP.

3. Barbara Gerner de García, "Meeting the Needs of Hispanic/ Latino Deaf Students", ["Satisfaciendo las necesidades de los estudiantes sordos hispanos/latinos"] in *Deaf Plus: A Multicultural Perspective*, [en *Sordos Plus: Una perspectiva multicultural*] ed. Kathee Christensen (San Diego: DawnSignPress, 2000): 149–61.

4. Paul Taylor, Mark Hugo Lopez, Jessica Martínez, y Gabriel Velasco, *Hispanic Trends. When Labels Don't Fit: Hispanics and Their Views of Identity* [*Tendencias hispanas. Cuando las etiquetas no encajan: Los hispanos y sus perspectivas sobre la identidad*] (Washington, DC: Pew Research Center, 2012). Disponible en línea en www.pewhispanic.org/2012/04/04/ when-labels-dont-fit-hispanics-and-their-views-of- identity/.

5. Thomas K. Holcomb, *Introduction to American Deaf Culture* [*Introducción a la Cultura Sorda Americana*] (New York: Oxford University Press, 2012): 102–9.

6. Paul Miller, Tevhide Kargin, y Birkan Guldenoglu, "Deaf Native Signers Are Better Readers Than Nonnative Signers: Myth or Truth?" ["Los sordos cuya lengua nativa es el lenguaje de señas son mejores lectores que aquellos para quienes el lenguaje de señas no lo es: ¿Mito o realidad?"] *Journal of Deaf Studies and Deaf Education* [*Revista científica de estudios sobre los sordos y educación sobre los sordos*] 20, no. 2 (2015): 147–62.

7. Thomas K. Holcomb, *Introduction to American Deaf Culture* [*Introducción a la cultura sorda americana*], 220–21.

8. Centers for Disease Control and Prevention [Centros para el Control y la Prevención de Enfermedades], *Cultural Insights; Communicating with Hispanics/Latinos* [*Perspectivas culturales; Comunicándose con los hispanos/latinos*] (Washington, DC: Centers for Disease Control and Prevention, Office for the Associate Director of Communication, Division of Communication Services, 2012) [Washington, DC: Centros para el Control y la Prevención de Enfermedades, Oficina del Director Asociado de Comunicación, División de Servicios de Comunicación, 2012]. Disponible en línea en http://stacks.cdc.gov/view/cdc/13183/.

9. Gregory Juckett, "Caring for Latino Patients" ["Cuidando a los pacientes latinos"], *American Family Physician [Médico de Familia Americano]* 87, no. 1 (2013):48–54.

10. Stephanie W. Cawthon y Jacqueline M. Caemmerer, "Parents' Perspectives on Transition and Postsecondary Outcomes for Their Children Who Are d/Deaf or Hard of Hearing ["Perspectivas de los padres sobre la transición y los resultados de la educación postsecundaria para sus hijos que son S/sordos o con dificultades auditivas"] *American Annals of the Deaf* [*Anales americanos sobre los sordos*] 159, no. 1 (2014): 7–21.

2 *Navegando en los botes salvavidas: Cuidándose a sí mismo*

Todo PADRE ES el bote salvavidas de sus hijos. Al igual que los padres de otros niños con necesidades especiales, es necesario que usted haga un esfuerzo especial en cuidarse a sí mismo porque—sin querer llevar demasiado lejos nuestra metáfora—la noticia de que su hijo es sordo puede llevarlo a aguas turbulentas. Dado que su hijo depende de usted para recibir dirección y guía, lo mejor que usted puede hacer es dirigir primero su atención a sí mismo. Queremos enfatizar aquí que usted no tiene por qué estar solo en este viaje. Hay otros padres que están pasando o han pasado por este proceso y están dispuestos a tenderle una mano.

El prestarse atención sí mismo como padre o cuidador hispano/latino puede presentar retos adicionales. En primer lugar, el concepto cultural hispano/latino de *familismo* hace hincapié en el predominio de la familia y de la comunidad por encima de las necesidades del individuo[1]. La mayoría de los hispanos/latinos se sienten presionados a hacer todo tipo de sacrificios por los demás, incluso a expensas de su propia salud. El bienestar de la familia tiene prioridad sobre las necesidades individuales. Este concepto cultural es más relevante para los hispanos/latinos de primera generación, quienes son los nacidos fuera de los Estados Unidos, debido a que se les ha inculcado ese sentido del deber familiar y comunitario desde la infancia. Estos sentimientos inculcados del deber a la familia y a la comunidad pueden llevarlo

16

a que se sienta culpable cuando tome tiempo para atenderse sí mismo. Aunque este es un rasgo cultural importante y valioso, también puede añadir estrés, pues puede llevarlo a pensar que usted no está siendo un buen padre si se pone a sí mismo por delante de vez en cuando.

Los hispanos/latinos vienen de una cultura colectivista que le da un mayor énfasis a la armonía y a la cooperación de la comunidad. El bienestar colectivo es más importante que la felicidad individual. Este enfoque colectivista puede servir de apoyo a las familias que sufren situaciones inesperadas. Sin embargo, al mismo tiempo, puede imponer cargas adicionales, como el que los cuidadores hispanos/latinos se vean tomando decisiones relacionadas a la salud de sus hijos sordos en base a las reglas y expectativas de la comunidad en general. Por ejemplo, es posible que usted haya sentido la necesidad de postponer el informarle a otros que su hijo es sordo e incluso de ocultar los compromisos relacionados con el tratamiento, debido a que la comunidad puede estigmatizar la sordera. Además, la realidad de la pobreza, el desempleo y el tamaño de la familia pueden limitar su capacidad de navegar en su bote salvavidas y cuidar de sí mismo. El ingreso medio de los hispanos/latinos está por debajo del promedio general de los Estados Unidos y las unidades familiares son más grandes, ya que el tamaño medio de las familia hispanas (3,92 personas) es mayor que el de la población en general (3,22 personas)[2]. El cuidarse a sí mismo puede ser más difícil cuando hay restricciones económicas. Igualmente, el cuidarse a sí mismo puede ser más difícil cuando usted tiene que cuidar de varios niños con distintas necesidades.

Según el resumen de Antúnez, "se espera que los niños hispanos que son sordos se conviertan en trilingües y tri-culturales. Si esto ocurre, se deben considerar varios aspectos, como el proveer una intervención temprana, el identificar la lengua de instrucción primaria, el realizar una evaluación justa y adecuada, el reclutar profesionales con diversidad étnica, el modificar el currículo e instrucción para incluir los tres idiomas y culturas, y el documentar continuamente los resultados de la investigación"[2].

Estas propuestas pueden facilitarle el proceso de navegar en su bote salvavidas (cuidar de sí mismo).

Antes de continuar, queremos hacer hincapié en el hecho de que la disponibilidad de la información y la estructura de las familias han cambiado desde que se publicó la última edición en español de este libro en el año 2002. Janet Desgeorges, una de las fundadoras del grupo nacional de apoyo para padres *Manos y Voces*, enfatiza este hecho en la ilustración de esta página.

Las familias no son lo mismo que hace diez o quince años. Las familias de hoy están más ocupadas y son más complejas. La red cibernética y otros medios de comunicación también han transformado el acceso a la información. El apoyo a las familias en una amplia gama de modalidades—como el apoyo profesional a través de la telemedicina para padres y adultos sordos o con dificultades auditivas o a través de blogs y listas de correo electrónico—ha mejorado las oportunidades que tienen las familias para acceder a la información y a otros recursos necesarios, incluyendo la investigación sobre las implicaciones de ser sordo. Este audaz nuevo mundo trae consigo muchas ventajas , pero al mismo tiempo puede crear confusión para las familias. Hay mucha información errónea, incompleta o engañosa al alcance de la mano. Los profesionales conocedores del tema deben proporcionar una guía *imparcial* (la cursiva es nuestra) para ayudarles a las familias a sacarle sentido a toda esta información[3].❏

Como padre de familia, usted tomará muchas decisiones complejas e inter-relacionadas en los meses y años venideros, tales como:
- qué tipos de ayuda profesional debe buscar para su hijo y su familia,
- cómo empezar a comunicarse de manera más efectiva con su hijo,
- qué modos de comunicación debe poner a disposición de su hijo a través de la educación,

- qué tipo de escuela debe elegir para su hijo—y dónde,
- cómo ayudar a su hijo en la transición entre la escuela y una vida adulta independiente y con éxito.

Estas decisiones importantes afectarán a su hijo durante toda la vida, en la esfera social, emocional e intelectual. En muchos sentidos, sus decisiones son más importantes que las decisiones equivalentes que toman los padres de niños oyentes. Para decidir qué acciones tomar—incluso para aprender acerca de las alternativas posibles y reflexionar sobre ellas en detalle—usted tendrá que estar muy lúcido, emocionalmente estable y físicamente sano. No exageramos si decimos que puede que usted tenga que extenderse a sí mismo más de lo que nunca lo ha hecho hasta ahora. Su primera necesidad es la de absorber la noticia que tan profundamente le ha sacudido: su hijo es sordo o tiene dificultades auditivas y será así por el resto de su vida. Justo después de la confirmación de este hecho es cuando le toca a *usted* recuperar la compostura. Para el niño que ha sido sordo de nacimiento o desde temprana edad, nada ha cambiado. Para usted, la vida ha cambiado para siempre, pero no para mal, sino que simplemente ha tomado un rumbo diferente al que esperaba.

El ciclo de respuesta

Cada niño es único y cada padre también lo es. Por otra parte, como se explica en el capítulo 1, los tipos, los niveles y las causas de la pérdida de la audición varían de persona a persona. Las combinaciones de personalidades, potenciales y patrones familiares, al igual que las variables sociales y económicas que dan forma a las situaciones particulares de las personas sordas son infinitas. Al igual que en toda otra empresa humana, la singularidad de cada situación es realmente lo único con lo que podemos contar. Además, tan variadas como son todas estas influencias moldeadoras, también lo son las reacciones individuales de los padres cuando se enteran de que su hijo es sordo o tiene dificultades auditivas. En realidad no hay una manera "correcta" de reaccionar ante un diagnóstico, pero la mayoría siguen un patrón similar.

La gente reacciona a los acontecimientos que les cambian la vida siguiendo un ciclo de respuestas que son reconocibles y descriptibles—y lo que es más importante, *funcionales*. Aunque cada persona responde de manera diferente, todos experimentan este ciclo de una forma u otra. Las reacciones a lo largo de este ciclo, aunque no responden a un orden predecible, son normales y pueden tener un efecto sano si se las afronta y no se las reprime. Son pasos que nosotros, los seres humanos, necesitamos tomar para llegar a una aceptación de los cambios radicales en nuestras vidas y, finalmente, para que estos cambios nos ayuden a ajustar nuestro punto de vista.

La respuesta a la crisis es un proceso que abarca toda la vida— no es un proceso fluido y ordenado que lleva de un problema a una solución, sino más bien un proceso en respuesta a una información nueva y a unas condiciones nuevas. El propósito de este capítulo es ayudarle a comprender y a aceptar sus propios sentimientos en cada paso de este ciclo y ver cuál es su función en el proceso de ajuste. El propósito final es ayudarle a ser el bote salvavidas fiable y apto para navegar que espera ser para su hijo.

¿Qué es una crisis? ¿Por qué exige tanto de nosotros, emocional e intelectualmente? y ¿Por qué es tan difícil responder a ella? La respuesta es que, por su propia naturaleza, una crisis es un hecho que altera permanentemente nuestra visión de la realidad; a menudo, es una situación que no hemos anticipado y para la que no estamos preparados. Algo sucede que cambia nuestro punto de vista sobre todo lo que sabemos, sentimos y entendemos acerca de nuestras vidas y la de los que nos rodean. No es necesario decir que enterarse de que su hijo es sordo constituye este tipo de experiencia.

A medida que usted comience a reaccionar a los muchos cambios drásticos y sutiles que este descubrimiento único le trae a su vida familiar, puede que experimente emociones intensas y dolorosas. En base a nuestra larga experiencia con familias de niños sordos, le urgimos a que no se resista, sino que le de rienda suelta a los sentimientos que le sobrevengan. No se asuste ni se disguste por la fuerza de esos sentimientos ni por las formas que tomen. No niegue sus sentimientos; permítales ir y venir. Por encima de todo, no trate de cambiarlos ni rechazarlos—nunca lo logrará. El engañarse a sí mismo equivale a fingir que el bote salvavidas no se está llenando de agua.

El comprender que usted simplemente se encuentra en el proceso de adaptarse a un cambio fundamental en su realidad, puede ser útil. Puede encontrar consuelo en el hecho de que otros también han pasado por la misma situación que usted está atravesando. Puede estar seguro de que, al igual que todos los padres que ha habido antes y después de usted, usted pasará de los estados más dolorosos a una posición de fortaleza. Cuando llegue a ese punto, verá más claramente, pensará con más lucidez y tal vez actuará de forma más eficaz que jamás antes en su vida.

Las secciones siguientes examinan cada una de las etapas que se pueden identificar en el proceso del duelo. Sin embargo, antes de comenzar, queremos subrayar un punto que ya discutimos anteriormente: *el reaccionar a la sordera de su hijo no constituye una experiencia de una sola vez.* Usted va a ser llamado a pasar por el proceso del duelo una y otra vez a medida que su niño madure y se enfrente a nuevos retos. En cada rito de iniciación, cuando las dificultades parezcan ser mayores para su hijo sordo que para sus otros niños, es probable que usted pase por el ciclo del duelo nuevamente. Algunos padres nos han descrito el proceso como una espiral, con el ciclo cada vez más corto y menos intenso. Recuerde que la respuesta puede variar de una persona a otra. Además, puede estar seguro de que usted no es un mal padre si no experimenta una reacción que no sea la del orgullo ni la ansiedad típica de ser padre. Las experiencias han demostrado que las familias de los niños sordos pasan por períodos de estrés, en particular durante las etapas del desarrollo, tales como:

- cuando se diagnostica la sordera,
- cuando el niño entra a la escuela por primera vez,
- cuando el niño entra a la adolescencia, y
- cuando el niño pasa a la edad adulta temprana.

A pesar de que estos no son los únicos períodos de alto estrés que cabe esperar, la propia naturaleza de estos acontecimientos cronológicos hace que sea razonable esperar que usted, y tal vez también su hijo, se vean llamados a responder emocionalmente de una forma nueva.

Si sabe qué esperar de sí mismo durante los períodos de transición de alto estrés, habrá menos posibilidad de que estos lo tomen por sorpresa o de que se sienta abrumado, y encontrará consuelo en la experiencia de otros. A pesar de las emociones que pueda sentir, con el tiempo terminará comprendiendo mejor los retos a los que usted y su hijo se enfrentan.

Bienvenido a Holanda

Emily Perl Kingsley

A menudo me han pedido que describa la experiencia de criar a un niño con una discapacidad para tratar de ayudarles a las personas que nunca han pasado por esa experiencia única a entenderla y a imaginarse cómo sería. Es así…

Cuando usted va a tener un bebé, es como planear un viaje de vacaciones fabulosas a Italia. Se compran un montón de guías y se hacen planes maravillosos. ¡El Coliseo! ¡El *David* de Miguel Ángel! ¡Las góndolas de Venecia! Puede que incluso aprenda algunas frases útiles en italiano. Todo es muy emocionante.

Después de meses de ansiosa anticipación, el día finalmente ha llegado. Empaca sus maletas y se va. Varias horas más tarde, el avión aterriza. La azafata viene y dice: "Bienvenido a Holanda".

"¿¡¿Holanda?!?" dice usted. "¿Cómo que Holanda? ¡Me apunté a ir a Italia! Se supone que tengo que estar en Italia. Toda mi vida he soñado con ir a Italia".

Pero ha habido un cambio de planes. Ha aterrizado en Holanda y ahí debe permanecer.

Lo importante es que no lo han llevado a un lugar horrible, desagradable, sucio, lleno de pestilencia, hambruna y enfermedad. Es sólo un lugar diferente.

Así que debe salir y comprar nuevas guías turísticas. Tiene que aprender un nuevo idioma. Y conocerá a un grupo nuevo de gente que nunca habría conocido.

Es simplemente un lugar diferente. Tiene un ritmo más lento que Italia; es menos llamativo. Pero después de haber pasado allí un tiempo y recuperar el aliento, usted mira a su alrededor y empieza a notar que Holanda tiene tulipanes. Holanda tiene incluso Rembrandts.

Pero todos sus conocidos están ocupados yendo y viniendo de Italia, y se ufanan de lo bien que lo pasaron allí. Y por el resto de su vida, usted dirá, "Sí, ahí es donde se suponía que debía estar yo. Eso es lo que había planeado".

Y el dolor que esto genera nunca, nunca, nunca desaparece, porque la pérdida de ese sueño es una pérdida muy significativa.

Pero si se pasa la vida lamentando el hecho de que no llegó a Italia, puede que nunca llegue a disfrutar de lo muy especial y bonito que es Holanda y de todas las cosas que se encuentran en ella[4].☐

Lo que sabemos sobre el duelo

El tiempo es el mejor maestro. No sólo se reúnen ideas e información con el paso del tiempo, sino que también llegamos a entender más acerca de lo que ya sabemos. Cuando se escribió la primera edición en inglés de este libro en la década de 1980, los nuevos estudios sobre el duelo que surgieron en aquel entonces sirvieron de analogía para las respuestas emocionales que los padres experimentaban al enterarse de que su hijo era sordo. Hoy en día, nuestro entendimiento se ha profundizado y vemos el duelo no como una analogía, sino como el preciso fenómeno por el que atraviesan estos padres. Sin embargo, puede que usted se pregunte, ¿no es el duelo la respuesta a la muerte de un ser querido?

Empecemos con una definición: *el duelo* es el proceso por el cual nos separamos de alguien o algo importante que se ha perdido.

"Espere un momento," dirá usted. "Nadie ha muerto en nuestra familia. Sí, hemos recibido noticias difíciles y estamos frente a una crisis, pero no hemos sufrido ningún tipo de pérdida permanente".

Considere esta definición de *pérdida* de Kenneth L. Moses, un psicólogo muy conocido:

> "Las pérdidas son[…] sucesos o eventos que rompen los sueños que son fundamentales para la existencia de una persona[…]. El diagnóstico inicial muchas veces marca el punto en el que un sueño preciado e importante le ha sido destrozado al padre […]. El padre con frecuencia no entiende que ha perdido un sueño, y por lo tanto a menudo se siente confundido por el proceso de duelo que sigue a continuación"[5].

A modo de ejemplo Terry, un antiguo compañero profesional de uno de nosotros—los autores de este libro—, pasó por una experiencia similar. Él apoyaba mucho a los estudiantes sordos en sus clases. Un día, descubrió que su hijo de tres años de edad, Ted, quien acababa de recuperarse de meningitis, había perdido la audición por completo como consecuencia de la enfermedad. Terry se dirigió a su jefe para hablar de la situación y, para sorpresa y vergüenza suya, se puso a llorar. Una vez que empezó, no podía parar. Durante días, y luego semanas, se encontró a sí mismo llorando. ¿Por qué lloraba? Al principio, dice, era porque tenía miedo de que su hijo creciera de manera semejante a los niños sordos en su clase, ninguno de los cuales logró leer más allá del nivel de primer grado. Luego lloraba por su matrimonio, que había sido feliz y estable, pero se había derrumbado bajo el peso de la crisis. Su esposa los había dejado a él y a Ted, huyendo a la casa de sus padres al enterarse de que su hijo era sordo.

Terry se encontraba sorprendido y desconcertado por la fuerza de sus emociones, pero cuando nos paramos a pensar que había perdido dos de los sueños que componían su realidad fundamental—un hijo oyente y un matrimonio feliz—podemos ver que el duelo era una respuesta adecuada.

Lo que no es tan evidente, si no se entiende el proceso del duelo, es que el duelo no es sólo una respuesta adecuada, sino también productiva y útil. Aunque hubo un momento en el que los profesionales de la salud mental eran tan propensos como los amigos y familiares bien-intencionados, a *disuadir* del duelo, hoy en día entendemos que el duelo es una parte esencial del proceso normal de curación que nos permite ajustarnos al cambio.

El duelo, ante el diagnóstico inicial de la sordera de su hijo, es una respuesta natural y espontánea que es necesaria para navegar con éxito en su bote salvavidas. Cada etapa en el proceso del duelo desempeña un papel específico en permitirle dejar de lado sueños viejos y rotos, y adquirir otros nuevos y alcanzables.

De diferentes maneras y en diferentes momentos, todo el mundo experimenta las siguientes etapas en el proceso del duelo: conmoción y negación, enfado, culpa, depresión y ansiedad. Los padres sanos que lloran al niño perdido de sus sueños con el tiempo aprenden a lidiar con el vaivén de los sentimientos y a poner su atención en el niño real y viviente. Pronto se encuentran con que, sí, el niño es diferente de la idea que tenían de ella o de él—pero sólo con respecto a su capacidad auditiva. La personalidad del niño y la identidad que se han estado desarrollando desde el nacimiento siguen siendo las mismas. Una vez que ha pasado el periodo inicial de duelo de los padres, se encuentran con que se han alejado de su "pérdida" y se hallan más cerca de sus hijos. Mejor aún, se dan cuenta de que su hijo puede alcanzar éxito en la vida, aunque no de la forma que habían previsto inicialmente. Tenga en cuenta que es posible que los padres continúen re-experimentando sentimientos a lo largo del proceso de duelo durante los hitos o momentos importantes de la vida; pero con un buen sistema de apoyo, pueden aprender que esto es normal y que está bien tener estos sentimientos sin dejar que ellos controlen su comportamiento[6].

CONMOCIÓN Y NEGACIÓN

La primera reacción a las noticias que alteran la vida es el *choque emocional* o conmoción. Esta respuesta, que puede durar desde unas pocas horas hasta unos pocos días a lo sumo, es una calma aturdida en la que usted intenta absorber la mera realidad de la situación, independientemente de sus implicaciones. Por lo general, los padres dicen algo como: "El audiólogo me dijo que mi hijo era sordo, pero en realidad no me afectó en ese momento". La conmoción es un mecanismo de protección que le permite simplemente acatar las malas noticias sin sentirse inmediatamente abrumado por la emoción.

Puede que se asombre, e incluso que se preocupe, por su indiferencia al recibir la noticia. Es posible que se sorprenda al descubrir que recuerda el diseño del vestido de la audióloga o la forma de las sombras en la pared. A aquellos que ya se habían dado cuenta de que algo le pasaba a su niño, es probable que les embargue una emoción muy fuerte e inesperada al enterarse de que lo que le ocurre a su hijo es que es sordo: alivio.

Antes de que se extendiera el uso de la prueba de audición del recién nacido en la última década, muchos casos de sordera quedaban sin diagnosticar hasta que el niño tenía uno o dos años, cuando normalmente deberían comenzar a vocalizar. Es posible que los padres alberguen graves sospechas durante un año o más de que su hijo es sordo. Durante este tiempo, se esfuerzan por mantener viva la esperanza, haciendo todo lo posible para suprimir sus miedos. De vez en cuando, la intuición de que su hijo es sordo reaparece. Le preguntan a su médico, pero la respuesta siempre es: "Oh, todos los niños se desarrollan de manera diferente; algunos son tardíos" y los padres emprenden de nuevo la batalla contra la idea de que su hijo es sordo. Este tipo de batalla emocional es agotadora. Una respuesta definitiva, incluso si confirma los peores temores de los padres, está destinada a ser un alivio.

Por otra parte, aunque algunos de los padres que se entrevistaron en este libro se sentían agradecidos de haberse enterado muy pronto de que su hijo era sordo, gracias a los exámenes de audición del recién nacido, otros no estaban tan seguros de que hubieran querido saberlo. Sentían que la noticia había arruinado el idilio de disfrutar por un tiempo de un bebé feliz en lugar de tener que lidiar con todas las reacciones de estrés que experimentaron inmediatamente después del parto[7]. Como podemos ver aquí, existen diferentes puntos de vista acerca de cuál es el momento "adecuado" para enterarse de la noticia; no obstante, la conmoción es una reacción típica.

La conmoción puede continuar durante mucho tiempo y mezclarse con la zona de protección emocional llamada *negación*. La negación es un mecanismo de defensa psicológico que evita que un conocimiento doloroso llegue a hacerse consciente. Sin embargo, tarde o temprano, la realidad se asimila y da paso al proceso de reconocimiento.

Considere el caso de Nancy, la esposa de Terry (descrito anteriormente) y madre de un niño de tres años de edad, Ted, que perdió la audición a causa de una meningitis. Cuando el médico le dio la noticia, Nancy dejó al niño en el hospital, dejando a Terry sólo para hacer frente a la situación como pudiese. Ella se fue a la casa de sus padres y permaneció allí durante más de seis semanas, incapaz de superar la inercia que la invadió. Lejos de sentirse abrumada por las emociones, Nancy se paralizó. No podía entender su inercia y no podía quitársela de encima.

Nancy había crecido en una familia rica que valoraba mucho el sistema médico. Sus padres podían permitirse el lujo de consultar a especialistas para cualquier problema médico, y Nancy había crecido creyendo que prácticamente todos los síntomas tenían una cura. Cuando le dijeron que su hijo era sordo de por vida y que nadie podría devolverle la audición, Nancy quedó atónita. No sólo el futuro de su hijo, sino también su sistema de creencias se pusieron en duda. Si la conmoción no hubiese atenuado sus emociones, ella podría haberse sentido abrumada por la confusión y la desesperación ante tal ruptura de su realidad.

Al final, sin embargo, el tiempo hizo que asumiera el cambio de forma gradual en el entorno seguro de la casa de sus padres y Nancy fue capaz de reconocer la situación por lo que era. Después de seis semanas volvió con Terry y comenzaron a compartir su dolor mutuo y a cuidar de su hijo. (Para la continuación de esta historia, véase "Ted: Una actualización" en la página 42).

La historia de Nancy trae a colación un tema muy sensible que atañe a todas las etapas del duelo. Las personas hacen lo que sea para sobrellevar el ciclo del duelo, y con frecuencia—mucho más a menudo de lo que generalmente se reconoce—lo que tienden a hacer es *socialmente inaceptable*. Nancy corrió el riesgo de recibir duras críticas del personal médico, de su marido, e incluso de sus propios padres al huir de la situación, pero se fue a su casa para poder sobrellevar su estado de conmoción.

Otro ejemplo es Jenny, una amiga de uno de los autores, quien se fue a Disneylandia el día que su madre murió. Había estado sentada junto a la cama de su madre a lo largo de una enfermedad repentina e inesperada y la vio fallecer. Entonces salió del hospital, se metió en su coche y condujo seis horas a Disneylandia, donde permaneció durante dos días. Su familia y amigos exhibieron distintas reacciones, desde conmoción hasta empatía, pero ella sabía que necesitaba un cambio de entorno para superar su reacción inicial ante la pérdida de su madre.

Edward, un joven académico, dejó perplejos a su familia y amigos la noche en la que nació su hija Melissa. Cuando descubrió que a la niña le faltaba el brazo izquierdo, él también salió del hospital—y se dirigió directamente a una tienda de licores. Edward rara vez bebía, incluso en las fiestas; pero esa noche, se compró una botella de bourbon y se la bebió entera. Lloró, golpeó las paredes, gritó de ira, y finalmente perdió el conocimiento, dejando a su esposa sola haciendo frente a sus sentimientos.

A la mañana siguiente, a pesar de tener una resaca terrible, Edward fue capaz de hacer frente a la situación con claridad y de hacer lo que había que hacer. Lo más importante, como veremos más adelante, fue que comenzó a acercarse a su esposa. El duelo sano, productivo, que avanza desde la conmoción hasta la aceptación, se lleva a cabo *compartiéndolo*, no tratando de atravesar por la experiencia de forma aislada.

Después del período de conmoción—la calma antes de la tormenta— viene un momento de emoción pura, profunda y dolorosa. Uno llega a entender que su hijo es sordo, que no puede oír ahora y que nunca será capaz de hacerlo. En su mente hay un torbellino de preguntas, confusiones, temores repentinos, y revelaciones, como los siguientes:

"Todo este tiempo pensé que conocía a mi hija, y ahora ni siquiera sé cómo es su mundo".

"Tener un niño sordo es parte de nuestras vidas para *siempre*. Esto es algo que nunca pedí, que nunca pensé. *Detesto* todo esto".

"¿Qué le va a hacer esto a nuestras finanzas? No nos podemos permitirnos el lujo de recibir ayuda médica o profesional adicional. Y ¿qué pasa con las escuelas especiales? ¿Cómo vamos a afrontar esto económicamente?"

"Soy un padre solo y la única fuente de apoyo para mis hijos. No puedo dejar mi trabajo. ¿Va a requerir este niño una atención constante o que se le eduque en casa? Yo contaba con criar a unos hijos muy independientes que se pudieran ayudar los unos a los otros. ¿Quién le va a dar a este niño el cuidado especial que necesita mientras estoy fuera ganándome la vida?"

"¿Qué clase de futuro puedo esperar para mi bebé?"

"¿Por qué nos pasó esto a nosotros? ¿Nos puede pasar otra vez?"

"¿Qué información necesito? ¿A quién consulto—a un médico … a un maestro … a un trabajador social … a un terapista del lenguaje … a un audiólogo? ¿Dónde debo llamar primero? ¿Debo tratar de encontrar una clínica, … una escuela especial? ¿Debo explorar la posibilidad de los audífonos? ¿Los implantes cocleares? ¿Debo aprender el lenguaje de señas? ¿Y qué *es* eso del lenguaje de señas? ¿Voy a ser capaz de aprenderlo?"

Muchos padres se enfadan consigo mismos por pensar siquiera en cuestiones prácticas en un momento así, cuando deberían estar preocupados por el bienestar de su hijo. Si usted se siente así, esté tranquilo. Una vez que la conmoción inicial se desvanece, es natural que experimente confusión y emociones abrumadoras. No sólo es normal experimentar estos sentimientos, sino que lo cierto es que el paso del tiempo ayuda; sobre todo le traerá alivio el comunicar sus preocupaciones a otras personas que lo entiendan, ya sea a nivel personal o profesional.

Para un niño, ser sordo es un tema complejo con cuatro aspectos interrelacionados: el fisiológico, el social (que incluye la comunicación tanto con personas sordas como con oyentes), el educativo y el emocional. Trate de recordar que usted tendrá tiempo más adelante para informarse y tomar decisiones. Avance poco a poco; un paso a la vez. Primero y ante todo, céntrese en hacer que el bote salvavidas sea sólido y esté en condiciones de navegar.

ENFADO-IRA

De todas las etapas del ciclo del duelo, la de la ira, también conocida como enfado—o en su forma más intensa, la rabia— es quizás la más desconcertante que viven y sienten los padres. Considere los siguientes ejemplos de pensamientos airados. Puede que usted se reconozca a sí mismo en algunos de ellos.

"¿Cómo voy a poder manejar los asuntos familiares ahora? Estábamos empezando a tener seguridad económica y ahora vamos a tener gastos médicos especiales, asesores especiales y escuelas especiales. He estado trabajando tan duro como he podido, pero ahora va a ser imposible salir adelante".

"Ni siquiera quería tener otro hijo, pero mi marido seguía presionándome. Y ahora miren lo que pasó. No va a ser *él* el que haga el trabajo extra. Mi vida está arruinada".

"¿Por qué será que las cosas no salen como deben, al menos por una vez?"

"Ando ansioso y agotado todo el tiempo. ¿Cuándo voy a tener un descanso?"

"¿Por qué no me dijo mi madre a lo que me estaba arriesgando cuando empecé a tener hijos? Si hubiera sabido que algo como esto iba a pasar, yo nunca habría tenido hijos".

"¿Quién se cree el médico que es—Dios? ¿Cómo sabe que mi hijo nunca podrá oír? No voy a tolerar ese tipo de actitud dictatorial".

"Esta niña tiene demasiadas necesidades. Todos tienen que poner de su parte en esta familia, y de alguna manera u otra ella va a tener que acoplarse".

Los padres no son los únicos miembros de la familia que se pueden sentir enojados. Los hermanos oyentes de un niño sordo o con dificultades de audición también pueden experimentar la ira y el resentimiento, pero sus sentimientos a menudo se pierden ante el panorama general. Las reacciones típicas incluyen las siguientes:

- "¿Por qué siempre se lleva *él* toda la atención?"
- "Mi mamá y mi papá no han venido a ninguno de mis juegos de la temporada de la Liga Juvenil".
- "¿Por qué tienen que tratarlo como si fuera especial cuando ni siquiera puede oír?"

Tal vez todos estos ejemplos expresen el lamento común que nosotros los seres humanos expresamos con mayor frecuencia ante los acontecimientos difíciles que nos cambian la vida: "*¡Esto no es justo! ¿Por qué me tuvo que pasar esto a mí?*" Todo el mundo tiene un sentido personal de la equidad; de la justicia que define cómo debe ser el mundo. Cuando nuestro sentido de la forma en que deben ser las cosas no corresponde con la forma en que son las cosas, toda nuestra forma de entender la realidad entra en duda. Necesitamos tiempo—cuanto sea necesario—para que nuestro sentido de la justicia encaje con la nueva realidad que enfrentamos.

La necesidad de modificar nuestra forma de entender la realidad es la clave de la función de la ira. A corto plazo, la ira—hacia nosotros mismos, hacia nuestros cónyuges, hacia los profesionales que nos encontramos en el proceso de responder a la noticia, incluso hacia nuestros niños sordos—nos proporciona un poco de alivio en la frustración que sentimos al no ser capaces de cambiar la sordera; de hacer que desaparezca o que se desvanezca hasta ser algo insignificante. Además, a largo plazo, la ira puede proporcionar una sensación de autosuficiencia o de seguridad en uno mismo que nos ayude a construir una nueva forma de entender lo que es justo; una filosofía que nos ayude a entender y a sobrellevar el mundo tal y como es. Es importante que usted afronte su ira de una manera sana, ya que reprimirla puede llevarle a la depresión y traerle problemas de salud, lo cual sin duda no le ayudará a su hijo.

Piense en Melissa, la niña que nació sin un brazo. Durante el primer año después de su nacimiento, también se descubrió que era sorda. La madre de Melissa, Ellen, era enfermera, y su conocimiento médico afianzó su sentimiento de que la familia estaba ahora condenada a una vida infernal. Melissa iba a vivir una existencia de "minusvalía", y la misma Ellen, como madre de una niña con una discapacidad grave, nunca más volvería a tener un momento para sí misma. La ira de Ellen era tan intensa que le daba miedo. Se pasó meses tratando de reprimir sus pensamientos y sentimientos, que ella consideraba impropios de una madre y enfermera.

Poco a poco, Ellen empezó a reunir los recursos necesarios para actuar de forma constructiva. Al mismo tiempo que tomaba medidas prácticas, ella comenzó, como se dio cuenta más tarde, a re-evaluar todo su sistema de valores. Fue una travesía agitada al principio. Pero a medida que pasaban los años, después de que Melissa se hubiera convertido en una joven muy alegre y activa (que llegó a ser lanzadora en su equipo de pelota de Pequeñas Ligas de béisbol, entre otras cosas), Ellen vio que incluso la ira había jugado un papel positivo. "Yo pensaba que la sordera de Melissa y el que le faltara un brazo significaban el fin del mundo—para ella y para mí. Durante meses, estuve buscando a alguien o algo a quien atribuirle la culpa. Lo que descubrí en su lugar—de forma gradual, no todo a la vez—fue toda una nueva forma de vida. Y ahora me pregunto si hubiéramos logrado tanto o incluso sido tan felices si hubiéramos seguido siendo las mismas personas que éramos cuando Melissa nació".

Melissa: Una actualización

Melissa terminó el octavo grado en la escuela de lenguaje hablado para estudiantes sordos y pasó a una escuela secundaria de integración, apoyándose de intérpretes que las escuela les proporcionaba a los seis o siete estudiantes sordos que se encontraban inscritos allí. Le fue bien e hizo buenas amistades con otros estudiantes sordos. Después de su graduación, se casó con Jonathan, un compañero de clases sordo, y consiguió un trabajo como auditora en la oficina de correos. Melissa nunca tuvo ningún deseo de ir a la universidad, y después de trabajar por unos cuantos años, tuvo dos hijos y se convirtió en ama a casa a tiempo completo. Esta decisión le satisfacía a ella, pero dejó a sus padres, Edward y Ellen, amargamente decepcionados.

Los padres de Melissa habían albergado expectativas muy altas para ella y la habían presionado para ponerse metas altas. Durante sus años escolares, ellos habían estado muy involucrados en su vida y habían hecho un esfuerzo especial por conocer a adultos sordos, por ponerse en contacto con otros padres de niños sordos y por mantenerse al tanto de la investigación educativa. En pocas palabras, siempre habían estado pendientes de cómo ayudar a Melissa a llegar a ser independiente y a triunfar en la vida. Cuando expresó sus modestas ambiciones y mostró poco deseo de superación, ellos lo atribuyeron a que era sorda. Pero en realidad, Melissa siempre había encontrado la manera de expresar su carácter sociable durante toda la secundaria. Ella se comunicaba incesantemente con sus amigos, iba a viajes por su cuenta y le gustaba sentarse con sus padres en la cocina y contarles sus cosas.

A Ellen y a Edward les llevó mucho tiempo aceptar que Melissa era una persona normal con intereses diferentes de los de ellos, y que no era con su sordera, sino con su identidad, con lo que se estaban debatiendo. No empezaron a disfrutar de visitar a Melissa y a Jonathan sino hasta después de que llegaron los nietos. "Así es ella", finalmente fueron capaces de decir. "No es la vida que hubiésemos elegido para nosotros mismos, y no es la vida que esperábamos que tuviese. Pero Melissa es feliz tal y como es, y eso es lo importante, ¿No es así?" "Desde luego", diríamos. El criar hijos felices que puedan tomar sus propias decisiones y realizar sus propios deseos, es sin duda lo más importante.❏

CULPA

Si la ira es la más desconcertante de las etapas de duelo para los padres, la culpa que los padres a veces expresan, es a menudo lo que más les preocupa a los profesionales que los aconsejan. En general, la culpa se manifiesta de tres maneras cuando los padres se enteran de que su hijo es sordo.

1. *"Yo hice que esto sucediera"*. El padre se siente directamente responsable de la sordera. ("Me negué a dejar mi trabajo cuando quedé embarazada, a pesar de que mi marido así lo quería; Yo estaba deteriorada y agotada, y luego estuve expuesta a la rubéola—esto nunca hubiera pasado si..."). Este es el tipo más lógico, pero menos común de culpabilidad que expresan los padres.

2. *"La sordera de mi hijo es un castigo por mi propio mal comportamiento"*. El padre piensa que de alguna manera él o ella merece esta crisis por sus acciones pasadas.

3. *"Debo haber sido malo, porque esa es la forma en que funciona el mundo: las cosas malas le suceden a la gente mala"*. El padre asume que él o ella se merece esta crisis, pero sin saber por qué, razonando que la sordera no podría haber ocurrido de otra forma. En las palabras de Kenneth L. Moses, "Esta creencia generalizada conlleva a que los padres se sientan culpables simplemente por el hecho de que exista una discapacidad"[8].

Los profesionales tienden a reaccionar en contra de esta culpabilidad que expresan los padres de niños sordos, dudando seriamente que una respuesta emocional tan agotadora y angustiosa pueda jugar un papel positivo en promover la superación y la adaptación. Pero en el contexto del ciclo del duelo, como lo señala Moses, la culpa es el vehículo "que permite a los padres re-evaluar sus convicciones existenciales"[9].

Algunos de nosotros apenas somos conscientes de nuestras propias convicciones, o somos incapaces de articularlas plenamente. Sólo cuando las pone a prueba la experiencia procedemos a cuestionarlas—y descubrimos, a menudo, que no han evolucionado ni madurado como cabría esperar. Un padre que cree que el usar marihuana en la universidad es lo que ha causado que su hijo sea sordo, o una madre que atribuye la sordera de su hijo al hecho de que estaba menos entusiasmada con su embarazo de lo que aparentaba, puede llegar a darse cuenta en el proceso de hablar de estas convicciones, de que los padres no son responsables de todo lo que les sucede a sus hijos.

La experiencia nos ha enseñado, a los autores de este libro, que la clave para que ocurra este cambio perceptual es *compartir,* con alguien que entienda la enormidad del descubrimiento de que su hijo es sordo. Por esta razón, es importante que los profesionales con los que usted trate vean la culpa no como una condición patológica, sino como el punto de partida para conversar tanto como sea necesario, con el fin de explorar esta nueva situación. Si un consejero u otro profesional de la salud mental aminora su sentido de culpabilidad con comentarios como: "¡Eso es indignante! ¡Ridículo! ¡Absurdo!" considere buscar otra fuente de apoyo. (Para más información sobre este tema, vea: "La comunicación con los profesionales".) Puede llevarle algún tiempo, pero por supuesto, es necesario que usted aprenda a abordar y a procesar sus sentimientos de culpabilidad. Los padres que se sienten culpables y no han tenido la oportunidad de analizar sus sentimientos tienden a sobreproteger y a encapsular a su hijo. Ninguno de estos comportamientos es beneficioso para el niño[10].

La comunicación con los profesionales

Los profesionales juegan un papel clave en ayudarles a los padres a tomar decisiones sobre su hijo. Por lo tanto es importante que usted sea capaz de comunicarse con ellos cómodamente y que confíe en que el bien de usted sea su prioridad. En los próximos años, a medida que el niño crezca, conocerá a muchos profesionales—pediatras; otorrinos

(ENT, por su sigla en inglés); especialistas de intervención temprana; audiólogos; terapistas del lenguaje; profesores; consejeros de educación para padres; y psicólogos—cuya vida y obra estará de una manera u otra relacionada con los niños sordos. Muchas de estas personas, en virtud de su campo profesional, puede que tengan una visión extremadamente sesgada acerca de uno u otro modo de comunicación, acerca de los estilos de educación y acerca del enfoque general para tratar con los niños sordos y con sus padres. Aquellos padres que se encuentren en un estado emocionalmente vulnerable cuando conozcan a alguien que tenga intereses personales o una filosofía mercantilista pueden verse influenciados a la hora de tomar sus propias decisiones con conocimiento de causa—y los resultados pueden ser trágicos.

Además, existe el riesgo de caer en el síndrome de "los expertos-son-dioses" que nuestra cultura a menudo refuerza y apoya. Hemos conocido a demasiadas personas que creen que sería simplemente una falta de respeto el cuestionar a un profesional como un médico, un profesor o un director de escuela, y que siguen dócilmente el primer consejo que se les ofrece. La alternativa más prudente y segura es mantener un escepticismo sano y convertirse en un consumidor informado. La manera de hacerlo es conectarse con otros, aprender, estudiar, hablar con otros padres, hacer preguntas y hacer todo lo que sea necesario para entender qué es lo mejor para su hijo.

La actitud del profesional de la salud puede influir en el proceso de los padres hispanos/latinos para adaptarse al diagnóstico de su hijo sordo o con dificultades auditivas. Esto se ilustra en el caso de Irma, que nació en Los Ángeles y es de origen Mexicano-Estadounidense. Irma ha decidido compartir su historia con nosotros para ayudar a los profesionales de la salud a comprender el papel importante que juegan a la hora de comunicar un diagnóstico de sordera.❑

El caso de doña Irma y don Miguel

Doña Irma y don Miguel tienen tres hijos sordos. El mayor y el mediano fueron diagnosticados con sordera con dos meses de diferencia-cuando el mayor tenía tres años de edad y el mediano tenía un año y medio. Su hijo mayor nació prematuro a los ocho meses de gestación y tuvo que permanecer en el hospital debido a la coloración amarillenta de su piel (ictericia). Irma se dio cuenta de que su hijo mayor no se despertaba cuando pasaba la aspiradora. Ella comenta: "Mi instinto maternal me decía que algo andaba mal; pero en ese momento, la prueba normal [la prueba de audición] de los recién nacidos no era obligatoria. Por mi insistencia y preocupación, le hicieron las pruebas a los dos años. Finalmente, después de la prueba de audición, la audióloga me dijo que mi hijo era sordo y que tenía una pérdida auditiva bilateral profunda. Me pregunté, '¿Qué es eso?' Nunca olvidaré la manera en que ella me dio la noticia. Me dijo: 'Lo siento mucho, pero su hijo no puede oír'. Me sentí muy triste por la forma en que ella me lo dijo. El tono de su voz hizo que sonara como si fuera la peor noticia del mundo. Me sentí como si el mundo se me cayera encima. Le pregunté si mi hijo dependería de mí toda su vida y si alguna vez sería capaz de hablar. Ella dijo que nunca hablaría y, como le tenemos mucho respeto a los profesionales, le creí por completo. En ese momento, ella me dio una gran cantidad de recursos, pero no le presté atención, porque yo estaba conmocionada. Muchos años después, pienso que me sentí así de desesperada y triste debido a la forma en que la audióloga me dio la noticia. Ella me lo dijo con tristeza, no con esperanza".

Este caso habla claramente de la importancia de una actitud positiva, no sólo por parte de los padres ni de las personas a cargo, sino también de los profesionales de la salud. El caso de doña Irma y don Miguel hace hincapié en la importancia de entrenar a los audiólogos, enfermeros, médicos y otros profesionales de la salud acerca de temas culturales. Este caso ocurrió hace más de quince años, y en ese momento, muchos profesionales de la salud veían la sordera como una condición negativa. Las nuevas directrices de formación para profesionales de la salud ponen énfasis en que los sordos y los que tienen dificultades auditivas utilizan formas alternativas de comunicación que no son ni mejores ni peores que las formas de comunicarse de la comunidad oyente[11]. Con suerte, muchos de los que leen este libro han encontrado o van a encontrarse con un personal de servicios de salud que se ha formado siguiendo esta nueva línea de pensamiento. Si no es así, usted puede tomar las riendas y expresar cómo se siente y lo que espera de ellos.

En el proceso de informase, es crucial conocer a adultos sordos, especialmente adultos sordos con hijos, y hablar francamente con ellos. Puede encontrar consuelo al descubrir que los padres sordos a menudo celebran el nacimiento de un niño sordo. De la misma manera en que los padres oyentes pueden decir de un niño oyente: "este es un niño cuyo mundo interior podemos entender", los padres sordos sienten una conexión instantánea con un bebé sordo—y posiblemente se consternan con el nacimiento de un niño oyente. De hecho, curiosamente, conocemos a padres sordos que se entristecieron porque su hijo nació oyente. Si esto le parece absurdo, recuerde que el duelo es la consecuencia de la pérdida de los resultados esperados y muy preciados. Todos queremos que nuestros hijos sean como nosotros y que formen parte de nuestro propio mundo. Este punto de vista puede ser una fuente de consuelo y de mayor entendimiento para los padres oyentes.

Por encima de todo, y de los consejos de otras personas, confíe en sus instintos. Aquí hay algunos ejemplos de preguntas que pueden servirle de guía en la evaluación de su opinión acerca de un profesional determinado.

- ¿Ve la persona a su hijo como un individuo que es sordo o simplemente como un caso a tratar?
- ¿Ofrece la persona información clara y actualizada? ¿Se comporta con mano dura, incluso dictatorial, usando palabras como "deberías" y "tienes que"?

- ¿Es la persona atenta y considerada con sus sentimientos o es fría, clínica y distante?
- ¿Le pregunta la persona si tiene alguna duda y le invita a volver a llamar si usted tiene preguntas más tarde, o le corta abruptamente y finaliza la reunión después de darle su mensaje?
- ¿Fomenta la persona la discusión abierta de todos los aspectos, incluyendo aquellos que son polémicos, o hay una sensación de "hay una forma correcta de ver las cosas y es la mía"?
- ¿Tiene la persona experiencia y se siente a gusto con los niños?

> Todo esto sugiere unos criterios generales bastante seguros para la elección de un profesional que trabaje con su hijo—¿Es esta una persona a quien le gustaría ver de nuevo? O, ¿se sintió aliviado de salir de allí? Recuerde, *usted* es el que toma las decisiones. Nadie tiene "la respuesta acertada" con respecto a lo que debe hacer para con su hijo. Puede ser fácil ceder a la tentación durante este periodo de vulnerabilidad en su vida a dejar que los profesionales se hagan cargo de la toma de decisiones. Lo que los mejores profesionales ofrecen es orientación, información y apoyo. No se conforme con nada menos.❏

DEPRESIÓN

Sorprendentemente, aunque la depresión es el sentimiento que más a menudo se asocia con el duelo, muchas personas ven este estado emocional como un problema y no como una etapa normal en el proceso hacia el reajuste. Uno de nuestros objetivos al escribir este capítulo es darle al duelo una mejor reputación. Que se vea no como un estado horrible similar a una enfermedad mental, que debe ser superado con la mayor rapidez posible, sino como un proceso normal que usted y su hijo experimentan en la vida.

Como relatamos anteriormente, Terry, el padre de Ted, experimentó un largo período de depresión después de enterarse de que su hijo era sordo. Cuando trató de expresar lo absolutamente trágico que consideraba el ser sordo, lloró desconsoladamente. No podía ver a los niños sordos en su salón de clases en la escuela sin sentirse sobrecogido. Todos los días después de la escuela, durante un período de varias semanas, se iba a su casa y simplemente se quedaba sentado con la mirada en blanco.

La depresión surge de la sensación de impotencia. En el lenguaje común es "la ira volcada hacia adentro", y ésta es una buena manera de describir la frustración de los padres consigo mismos por su incapacidad de lograr que la vida de sus hijos sea perfecta. Pero el solo hecho de enfrentarse cara a cara con su deseo frustrado de cambiar lo que no se puede cambiar—hacer que la sordera de su hijo desaparezca y vivir nuevamente la fantasía de ese niño que pensó que tendría—le dará la oportunidad de re-evaluar sus propias capacidades y descubrir lo que puede hacer en el mundo real.

El enterarse de que su hijo es sordo supone un reto directo a la fe que usted tiene en su capacidad de mantener a su hijo a salvo de cualquier daño. Aunque es inevitable que vaya a dudar de sí mismo, es probable que se produzca esta emoción, junto con una sensación general de inseguridad acerca de su capacidad como padre, y eso es completamente normal. La depresión es una respuesta a esta pérdida de confianza.

La fe es un componente muy importante de la vida de los hispanos/latinos. Los estudios han demostrado que la mayoría de los hispanos/latinos son creyentes devotos y ven a Dios como una fuerza permanente en sus vidas. Ellos oran diariamente, asisten a servicios religiosos al menos una vez al mes y llevan algunos objetos religiosos con ellos o los tienen en sus casas. Además, la fe es especialmente importante para entender y aceptar tanto la enfermedad como el bienestar[12].

A pesar de que la diversidad de razas, etnias y rasgos culturales que hay dentro del grupo hispano/latino es enorme, la mayoría de ellos son cristianos, y muchos son católicos romanos[13]. Su devoción incluye figuras religiosas, como Jesucristo, la Virgen María, y una multiplicidad de santos a los que se les reza en tiempos difíciles o en la búsqueda de una cura milagrosa. Dependiendo del país de origen, la práctica de la fe entre los hispanos/latinos se caracteriza por sus diferencias espirituales. Por ejemplo, en México existe una fe muy arraigada hacia la Virgen de Guadalupe. En los Estados Unidos, hay un número creciente de hispanos/latinos que son protestantes, y uno de cada cuatro adultos hispanos/latinos que solían practicar el catolicismo ahora están afiliados a otra fe. Además, la herencia africana de algunos grupos hispanos/latinos de Brasil, Cuba, Jamaica y Haití incorporan otras prácticas espirituales, como el yoruba y el bantú[14].

A pesar de esta variedad de creencias espirituales, es ampliamente reconocido que los hispanos/latinos se caracterizan por su religiosidad. Esta devoción espiritual es una ventaja para muchos padres de niños sordos o con dificultades auditivas, ya que encuentran en su fe un mecanismo de supervivencia y una fuente de consuelo muy fuerte. Es posible que usted se haya encontrado orándole a Dios, a la Virgen María, a los santos o a otra figura espiritual y pidiéndole que cure la sordera de su hijo o que le dé la fuerza necesaria para apoyar a su hijo. Este es sin duda un proceso normal, ya que toma algún tiempo adaptarse a una realidad que no se esperaba. El caso de doña Irma y don Miguel es un buen ejemplo del valor de la fe y la religiosidad en la cultura hispana/latina. Doña Irma expresó lo siguiente durante su entrevista:

> Cuando el audiólogo sugirió que llevara a mi otro hijo para que le hicieran la prueba, ya que podría ser algo genético, volví a casa y me sentí como si el mundo se me hubiese caído encima. Después de que se confirmara que mi segundo hijo también era sordo, pensé: "Oh Señor, ¿ahora qué voy a hacer con dos hijos sordos?. En el momento en que se me informó del diagnóstico de mi hijo mayor, yo no sabía mucho sobre la sordera, y pienso que la audióloga me habló de ella como si se tratara de una enfermedad terminal. Oré mucho y leí la Biblia. En ellos encontré esperanza".

Aunque usted no pueda cambiar el hecho de que su hijo es sordo, puede tomar medidas educándose a sí mismo, aprendiendo sobre las decisiones a tomar y sacándole el mayor partido posible a los recursos que tiene. La depresión pone en marcha el proceso dc hacerle frente a sus propias limitaciones para así poder plantearse con más claridad cuáles son su habilidades y cuáles son, de manera realista, las opciones que tiene.

Al cuestionar primero su capacidad como padre, usted comienza a tomar medidas para restablecer la confianza en sí mismo. Puede que esto sea incómodo— pero el cambio siempre trae dolor emocional. Terry, al contemplar su destino compartido con Ted, no le veía el fin a las lágrimas y a la parálisis. Pero a medida que se fue dando cuenta de sus recursos personales, empezó a ver que había cosas que podría llevar a cabo, pasos que podría tomar, gente que podría llamar, y preguntas que podría hacer. La depresión se convirtió en una ventana por la que descubriría una visión nueva de sí mismo y de su relación con Ted.

Ted: Una actualización

Los primeros años después de que Terry trasladó a Ted a una escuela no residencial cercana no fueron fáciles. La escuela fue una gran decepción, pero lo más preocupante fueron los problemas que habían quedado sin articular ni abordar en el matrimonio de Terry y Nancy. Todo parecía ser confuso y tanto Terry como Nancy cayeron en la desesperación. Sin ser conscientes de ello, proyectaron su insatisfacción con su matrimonio en la cuestión de la educación de Ted, culpándose a sí mismos y recriminándose duramente el uno al otro por los problemas de Ted en la escuela.

Por suerte, en un viaje de verano lleno de crisis emocionales, los padres de Terry decidieron intervenir. "Al niño no le está yendo tan mal", dijo el abuelo. "Si no te importa que te dé un consejo, yo miraría un poco más de cerca tu propio plato. Parece que tú y Nancy no pueden pasar ni siquiera una hora sin pelearse por algo. ¿No crees que es hora de que ustedes dirijan la atención a sí mismos?"

Eso fue todo. Los dos comenzaron a recibir asesoramiento marital, lo que les dio la oportunidad de reflexionar un poco sobre su relación. Se identificaron algunos patrones de conflicto y sus posibles raíces: Nancy había crecido en un ambiente en el que los problemas se los resolvían y a Terry lo criaron dejándole que resolviera los problemas por sí mismo. A ninguno de los dos se le estaba dando bien el resolver los problemas de comunicación de Ted en la escuela. Además, Terry, que siempre había sido un maestro muy querido, una figura paternal para los estudiantes de su escuela, se encontró con que Ted se resistía a sus intentos de ayuda. A medida que Ted crecía, dejó claro que no quería que Terry interviniera en su vida.

Ted se integró a una escuela secundaria pública e hizo uso pleno de los servicios de apoyo que por ley le eran disponibles. Con esta nueva independencia de sus padres, empezó a irle muy bien. Aún así, siguieron surgiendo algunas crisis. La mayoría de ellas estaban relacionadas con el hecho de que Ted y sus padres tenían poco contacto con adultos sordos.

Había enormes discusiones sobre si Ted debía sacar o no la licencia de conducir. Si Nancy y Terry hubiesen estado en contacto con adultos sordos, habrían visto que pueden conducir como cualquier otra persona. Si hubiesen estado al tanto de la información publicada, probablemente también habrían sabido que los conductores oyentes tienen el doble de riesgo que los conductores sordos a tener accidentes.

Cuando Ted consiguió su licencia, hubo disputas sobre cuando podía llevarse el coche. Estas eran disputas típicas de familias con adolescentes, pero Terry y Nancy cometían a menudo el error de atribuir dicha tensión al hecho de que Ted era sordo y no a su adolescencia. Del mismo modo, ellos consideraban que los problemas de Ted con las calificaciones y las tareas tenían que ver con el hecho de que él era sordo, en lugar de atribuirlos a los altibajos normales de la vida de un adolescente. Tales interpretaciones erróneas llevaron a Terry y Nancy a buscar soluciones que no tenían ningún vínculo real con la raíz de los problemas.

Cuando Ted trajo a casa a amigos sordos que utilizaban el lenguaje de señas, Terry y Nancy no podían comunicarse con ellos y se sintieron excluidos. En lugar de adoptar la postura de "más vale tarde que nunca" y hacer el intento de aprender el lenguaje de señas, los dos se reprochaban a sí mismos por no haberlo aprendido antes.

Cuando Ted se enamoró de Elizabeth, una joven sorda, a Terry y a Nancy empezó a preocuparles cómo iban a sobrevivir juntos, y especialmente cómo iban a criar a sus hijos. Sin embargo, se casaron y, como de la noche a la mañana, la tensión en la familia desapareció. Terry y Nancy se hicieron amigos de los padres de Elizabeth, quienes se habían enfrentado a problemas similares, pero cuyo matrimonio había sido mucho más estable. El hablar de los temas que les preocupaban les proporcionó a Terry y a Nancy un gran alivio. Después de la boda, finalmente fueron capaces de ver que habían cometido el error de centrar sus vidas en la sordera de Ted, en lugar de enfocarse en Ted.❏

ANSIEDAD

Si la depresión es un elemento necesario en la evaluación de nuestras capacidades, la ansiedad es el medio que nos ayuda a ponernos en marcha y hacer uso de nuestras energías con el fin de cambiar. La ansiedad es la respuesta normal y natural a un cambio radical en nuestro entorno; es el conjunto de ajustes fisiológicos y psicológicos que nos permite actuar en el mundo.

En el contexto del peligro físico, este conjunto de respuestas se denomina como síndrome de "lucha o huida". La incomodidad que sentimos en un estado de ansiedad—el aumento del ritmo cardíaco, la respiración superficial y rápida, las palmas sudorosas, los músculos temblorosos, etcétera—es en sí misma una gran motivación para la acción. En cierto modo, la ansiedad nos hace sentir así de mal *con el fin* de incitarnos a la acción y a responder con eficacia a los cambios en nuestro entorno para así lograr un nuevo equilibrio. Los sentimientos apremiantes de que hay que hacer algo son los precursores de la acción constructiva. Como Moses observa: "No es útil en absoluto el darle a un padre la orden de que 'se calme'. Este es un período en el que calmarse no sólo es imposible, sino contraproducente, ya que la ansiedad en sí facilita el replanteamiento de las actitudes que uno tiene con respecto a lo que son sus responsabilidades[15]".

El sentir el peso de la responsabilidad de que su hijo es sordo es un paso primordial y necesario para asumir esa responsabilidad y tomar las acciones necesarias. Si buscan ayuda profesional, es importante encontrar a alguien que reconozca el valor y la importancia de la ansiedad en este momento en su vida. Elija un asesor que le apoye a medida que avanza, a su propio ritmo, a través de este proceso. (Para obtener más orientación sobre el trato con el personal profesional y la evaluación de su utilidad, consulte "La comunicación con los profesionales" en la página 35.)

Afrontamiento

Es importante entender nuestros sentimientos. Pero, ¿cómo debemos *actuar* y *comportarnos* para poder ganar la estabilidad, la concentración, el valor y el ánimo necesarios que nos permita actuar de forma constructiva? Vamos a responder a esta pregunta en dos partes. La primera parte, al igual que las secciones anteriores, es puramente descriptiva. La segunda es una discusión de medidas concretas que puede tomar en el mundo real de la acción y la experiencia.

Empezaremos con una definición. La capacidad de *sobrellevar o afrontar* es la forma en la que las distintas etapas que conforman el proceso del duelo se manifiestan a través del comportamiento (no a través de los sentimientos). De la misma manera en que las etapas emocionales del proceso del duelo se producen sin ningún orden en particular, también las conductas que constituyen la capacidad de sobrellevar ocurren sin ningún orden en particular.

CONTENCIÓN DE LA PÉRDIDA

A menos que tuviera alguna razón para esperarlo, el descubrimiento de que su hijo es sordo es una pérdida *clave*; una pérdida que afecta a los aspectos más fundamentales de su vida. En respuesta, usted va a reevaluar todos estos aspectos: sus esperanzas y sueños para el futuro, su trabajo y sus relaciones personales—con su hijo, con su cónyuge si lo tiene, con sus amigos, con sus compañeros de trabajo y con sus vecinos. A medida que evalúe el impacto real que tiene un niño sordo en cada una de estas áreas, usted comenzará a percibir los efectos de la pérdida como más reducidos y menos extensos de lo que pensaba en un primer momento.

REVALORACIÓN DE LOS PARÁMETROS "NORMALES"

La sociedad está plagada de estereotipos crueles. Lo que se considera "normal" es tan exclusivo como el club más discriminatorio, presuntuoso e inconstitucional. Todo lo que no se ajuste a la imagen de una familia blanca de rostro fresco con cuatro miembros se tacha de anormal en nuestra sociedad, incluyendo a las personas que pertenecen a otros grupos étnicos y raciales, que no hablan inglés, que son pobres, que son divorciados, que son hijos de padres divorciados, que son sordo-ciegos, que no hablan, que están en una silla de ruedas, y que son obesos.

Sin tan siquiera hacer un esfuerzo, usted se dará cuenta de que el estar constantemente expuesto a la realidad de que su hijo es sordo tiende a normalizar lo que una vez consideró como anormal. Usted descubrirá que su concepto de lo que es normal ahora incluye el vivir siendo sordo (y tal vez toda una serie de cosas que alguna vez consideró como anormales).

AMPLIANDO SU ÁMBITO DE VALORES

Aunque los sistemas de valores de las personas pueden reducirse a medida que envejecen, la identidad de su hijo como persona sorda, como cualquier otro conflicto entre lo ideal y la realidad, puede dar lugar a ampliar la perspectiva a través de la cual usted ve y juzga el mundo. Hemos escuchado frases como las siguientes en innumerables ocasiones:

- "Siento que tengo un propósito en la vida; que mis valores han mejorado muchísimo desde que hemos tenido este niño".
- "Hubiera sido un ama de casa aburrida que se entretiene con sesiones de café y juegos de cartas. Ahora sé lo que es importante".
- "Nunca habría imaginado cuánta alegría podría experimentar con algo que me asustaba tanto. Todo lo que mi hijo logra es un triunfo, y todos nos regocijamos con ello".
- "Si alguien hubiese venido a decirnos que, a pesar de la tristeza inicial, había esperanza y que esto no era el fin del mundo, sino más bien un desafío y una fuerza unificadora que podría sacar lo mejor de cada miembro de la familia, nuestro dolor hubiese sido más tolerable".

Pueden estar seguros de que, al final, el conflicto entre la experiencia con su hijo y los parámetros del mundo "normal" enriquecerá su vida en gran medida.

Cambiando de unos valores "comparativos" a unos "activos"

El hacer frente a los acontecimientos que cambian la vida no sólo amplía nuestros valores sino que también los refina. Con esto queremos decir que la adaptación nos lleva de una posición en la que medimos nuestro propio valor comparándonos con los demás a otra en la que nos medimos a nosotros mismos mediante la evaluación de nuestros propios recursos.

Así, nuevamente y sin más, la experiencia de enterarse de que su hijo es sordo puede mejorar su aprecio por lo que tiene y por lo que puede realizar. Si antes luchaba por mantenerse al nivel de los vecinos, con el tiempo es posible que se dé cuenta de que el niño que tiene es tan interesante, encantador, agradable y *diferente* del niño que pensaba que tendría, que el competir con los vecinos simplemente deja de importarle.

Estrategias para ser fuerte

Al centrarnos en la función importante del duelo y al intentar tranquilizarlo, corremos el riesgo de parecer que queremos quitarle importancia al impacto de la sordera de su hijo. Por lo tanto, vale la pena repetir que la noticia de que su hijo es sordo es siempre un acontecimiento fundamental que le cambiará la vida y que continuará afectando a su familia durante toda la vida.

Aún así, en las últimas décadas—con la sordera fuera de las sombras, mientras que antes existía bajo la horrible etiqueta de "la discapacidad invisible"—hemos acumulado evidencia anecdótica, clínica y empírica de que hay ciertas acciones concretas que facilitan el que los padres salgan del duelo y emprendan una acción constructiva. Aquí, en pocas palabras, le mostramos las estrategias de supervivencia que le ayudarán a lo largo del ciclo del duelo:

1. *Comparta sus experiencias con otros*. El peligro del duelo es que esta experiencia lo aislé. En la época en la que el dolor era considerado un problema que había que corregir, este peligro era mayor que hoy en día. Si el aislamiento es el peligro, el compartir con una persona que se preocupe por nosotros y que sea comprensiva es la prevención. El simple hecho de descubrir que no está solo y el ver los puntos de vista de otros que también tienen un hijo sordo disminuirá su angustia personal y además le revelará un posible plan de acción que podrá llevar a cabo cuando esté listo.

2. *Conéctese con otros*. Cualquiera que haya tratado de aprender todo lo que hay que saber acerca de un nuevo tema, sabe la importancia de conectarse con otros. Usted es un padre con un hogar muy ocupado. Si intenta depender sólo de sí mismo para hacer las investigaciones necesarias, terminará destinado a horas innecesarias de estudio y de averiguaciones; horas que podría haber pasado con su familia o en el trabajo. Por otra parte, con respecto a la toma de ciertas decisiones sobre los modos de comunicación y de educación, el tiempo es oro. Por todas estas razones, es importante armar una red de apoyo compuesta de especialistas y de personas que hayan tenido experiencias personales con niños sordos.

3. *Espere hasta que esté listo*. Antes de empezar a conectarse con otros, es importante que se sienta muy cómodo con la idea de

solicitar ayuda de otros padres y adultos sordos. Es casi seguro que se sentirá mejor e incluso gratamente sorprendido cuando comience a hacer estos contactos. Pero si quiere permiso para no pasar cada minuto del día centrado en las necesidades de su hijo, se lo concedemos. Recuerde la idea del bote salvavidas: Es necesario estar descansado, no agotado ni abrumado, para poder mantenerse fuerte. Cuando usted se encuentre preparado, estas son algunas de las personas a las que puede acudir:

- Otros padres de niños sordos o con dificultades auditivas—padres que tendrán experiencias que contar y recursos que compartir con usted, así como advertencias de qué o a quién evitar.
- Adultos sordos—personas que pueden ayudarle a comprender las realidades de la vida de las personas sordas y la manera en que la sordera afecta el punto de vista de las personas sordas. El conocer a adultos sordos le permitirá familiarizarse con el mundo y con la cultura de estas personas y le proporcionará modelos a seguir a su hijo—un factor cuya importancia, desde el principio, no podemos enfatizar lo suficiente.
- Profesionales médicos, incluyendo a especialistas como audiólogos y otorrinolaringólogos (ORL), y personas en las que confíe y a quien se sienta a gusto consultando.
- Educadores—personas que estén entrenadas para trabajar con niños sordos. Observe que decimos *educadores*, plural. Es importante conocer las múltiples opciones que existen antes de escoger un camino en particular. La investigación de estas opciones significa conocer a personas que sean expertas en los distintos estilos educativos y modos de comunicación. Más adelante se discutirá más sobre este tema tan complejo. Por ahora, basta decir que usted, al igual que su hijo, está a punto de ser instruido en este tema. Por el bien de su hijo y por su propia tranquilidad como padre, es importante que esta instrucción sea exhaustiva e imparcial.

4. *Recuerde que el duelo puede aparecer y desaparecer durante etapas importantes de la vida.* Deje que suceda y deje que se aleje. Usted recuperará su energía, su buen humor y la confianza en sus habilidades como padre. Aunque las etapas emocionales por la cuales atraviesa inicialmente son intensas y lo acaparan todo,

usted recuperará el sentido de la normalidad en la vida familiar diaria. Tenga fe en la capacidad con la que, por encima de todo, los seres humanos podemos contar siempre: la resistencia.

5. *Dese a otros; involúcrese*. Esta estrategia es una prevención contra el aislamiento debilitador que puede inhibir el proceso de duelo. Pero es más que eso. Al conocer a otras personas y unirse a organizaciones y a grupos de apoyo, y al ponerse a disposición de otros que puedan estar pasando por lo mismo que ha pasado usted, ampliará su propia red de apoyo y se mantendrá al tanto de la información. No hay nada más sano que el reconocer que "todos estamos en el mismo barco". Asegúrese, sin embargo, de que usted esté realmente listo para relacionarse con los demás. El lanzarse a un mundo nuevo puede ser una forma de negación, una distracción de su propio golpe y de sus emociones.

Dos familias

Había dos familias que tenían hijas adolescentes sordas. Cuando las chicas eran pequeñas, las familias se conocieron en un programa para sordos y se hicieron amigas. Con los años, los padres se han acercado mucho entre ellos, intercambiando información y hablando a fondo sobre todas sus preocupaciones, especialmente las relacionadas con tener hijos sordos. Estos cuatro padres acostumbran discutir toda la información que reciben de los profesionales y han descubierto que el intercambio de ideas y el análisis compartido les ha servido más que mil consultas con especialistas. Se mantienen comprometidos, respetan la experiencia y la perspectiva de los otros, y no sienten que tienen que tomarse cada mensaje de los profesionales al pie de la letra. Al participar los cuatro padres, cada uno puede permitirse el lujo de ser escéptico de vez en cuando sin correr el riesgo de hacer caso omiso de algo importante.

Este enfoque contrasta abiertamente con el impulso de algunas familias de "manejar las cosas por sí mismas".❏

6. *Mantenga su sentido del humor.* Al leer este libro al comienzo de esta nueva travesía con su hijo, puede que usted no le vea la gracia a la sordera ni a su no bienvenida presencia en su familia. Sin embargo, a medida que la conmoción desaparezca y usted se vaya adaptando, se sorprenderá de su habilidad renovada de sonreír o de hacer un chiste acerca del tema. ¡Al fin y al cabo, ahora puede pasar la aspiradora en el cuarto de su hija sin despertarla!

Permítanos urgirlo de todo corazón a no censurarse a sí mismo. La risa siempre es oportuna, quizás incluso más en respuesta a los grandes retos de la vida. El humor nos brinda un alivio temporal del peso de nuestras decisiones más importantes—y puede que, con todas las nuevas preocupaciones en que pensar y sobre las que actuar, el alivio temporal sea lo que más deseemos y necesitemos.

7. *Cuídese a sí mismo.* Recuerde el tema del bote salvavidas: Nadie se va a beneficiar si usted se derrumba ante el peso de sus nuevas preocupaciones y responsabilidades. A través de este libro le ofrecemos sugerencias para aliviarlo y ayudarle a recuperar su perspectiva, pero quizás haya una sugerencia en particular que sea la más importante de todas: Busque a alguien que le cuide a su hijo durante dos o tres horas una noche por semana y organice una salida o cena con su esposa(o) o amiga(o), y ¡*salga*! Sí, su hijo va a estar bien cuidado con un (a) niñero(a). Créanos. No hay mejor antídoto para el estrés que el alejarse de su vida diaria por unas cuantas horas, salir a cenar—ya sea una pizza o una cena elaborada—y tener una conversación de adultos sobre cualquier tema. Este tipo de mini-vacaciones puede representar un gasto, pero como todo padre con niños pequeños sabe (ya sea el niño sordo u oyente), vale la pena.

Una última palabra—y la hemos guardado para el final con la esperanza de que se le quede grabada: Ser padre o madre es siempre una cuestión de prueba y error. Los bebés no vienen con un manual de instrucciones; incluso este libro tiene sus limitaciones. Usted cometerá errores y también tomará decisiones muy acertadas. Puede que no sea hasta que su hijo deje su casa convertido en un adulto independiente que usted se dé cuenta de lo que debería haber hecho. La retrospectiva siempre ofrece una visión perfecta, como sabemos, y es una gran fuente de sabiduría. Esperamos que usted ayude a otros padres como los que le van a ayudar a usted en los próximos años. Hay mucho que aprender de estas lecciones. Los niños son muy resistentes, por lo que el criticarse a sí mismo y criticar su labor como padre de un niño sordo solamente servirá para hacerle daño. O sea, que por encima de todo, sea gentil consigo mismo. Esta frase es lo suficientemente importante como para pegarla en el refrigerador y leerla todos los días.

Notas

1. Centers for Disease Control and Prevention [Centros para el Control y la Prevención de Enfermedades], *Cultural Insights; Communicating with Hispanics/Latinos* [*Perspectivas culturales; Comunicándose con los hispanos/latinos*] (Washington, DC: Centers for Disease Control and Prevention, Office for the Associate Director of Communication, Division of Communication Services, 2012) [Washington, DC: Centros para el Control y la Prevención de Enfermedades, Oficina del Director Asociado de Comunicación, División de Servicios de Comunicación, 2012]. Disponible en línea en http://stacks.cdc.gov/view/cdc/13183/.

2. Susan Antunez, *Language Development of Hispanic Deaf Children* [*Desarrollo del lenguaje en niños sordos hispanos*], 1997. Disponible en línea en www.deafed.net/publisheddocs/sub/97c526.htm.

3. Janet DesGeorges, "Family Support and Cultural Competence", ["El Apoyo a la familia y la competencia cultural"] in *The NCHAM E-Book: A Resource Guide for Early Hearing Detection & Intervention (EDHI)* [en *el libro electrónico de NCHAM: Una guía de recursos para la detección temprana de la audición e intervención (EDHI)*], ed. L. Schmeltz (Logan, UT: Utah State University, 2015): 6.

4. Emily Perl Kingsley, *Welcome to Holland [Bienvenido a Holanda]*. 1987. Disponible en línea en www.our-kids.org/Archives/Holland.html.

5. Kenneth. L. Moses, *The Dynamics of Transition and Transformation: On Loss, Grieving, Coping and Growthful Change [La dinámica de la transición y transformación: En pérdida, duelo, afrontamiento y cambio para el crecimiento]* (Evanston, Ill.: Resource Networks, 1990): 5.

6. Ellen Kurtzer-White, y David Luterman, "Families and Children with Hearing Loss: Grief and Coping", ["Las familias y los niños con pérdida auditiva: El dolor y el afrontamiento"], *Mental Retardation and Developmental Disabilities Research Reviews [Revisiones de estudios sobre el retraso mental y discapacidades del desarrollo]*, 9, no. 4 (2003): 232–35.

7. Elizabeth Fitzpatrick, Ian Graham, Andrée Durieux-Smith, Doug Angus, y Doug Coyle, "Parents' Perspectives on the Impact of the Early Diagnosis of Childhood Hearing Loss", ["Perspectivas de los padres sobre el impacto del diagnóstico precoz de la pérdida auditiva infantil"] *International Journal of Audiology [Revista Internacional de Audiología]* 46, no. 2 (2007): 97–106

8. Moses, *Dynamics of Transformation [Dinámica de la transformación]*, 90.

9. Ibid.

10. Kurtzer-White y Luterman, "Families and Children with Hearing Loss" ["Las familias y los niños con pérdida auditiva"]:232–35.

11. American Speech-Language-Hearing Association [Asociación Americana del Habla-Lenguaje- Audición], *Guidelines for Audiologists Providing Informational and Adjustment Counseling to Families of Infants and Young Children With Hearing Loss Birth to 5 Years of Age [Directrices para audiólogos que ofrecen información y asesoría de ajuste a las familias de infantes y niños pequeños con pérdida auditiva desde el nacimiento hasta los 5 años de edad]*, (Rockville, MD: American Speech-Language-Hearing Association, 2008). Disponible en línea en http://www.asha.org/policy/GL2008-00289/.

12. Pew Hispanic Center [Centro Hispano Pew], *Changing Faiths: Latinos and the Transformation of American Religion [Fés cambiantes: Latinos y la transformación de la religión americana]* (Washington, DC: Pew Research Center, 2007).

13. Pew Research Center [Centro de Investigación Pew], *The Shifting Religious Identity of Latinos in the United States [La identidad religiosa cambiante de los latinos en los Estados Unidos]* (Washington, DC: Pew Research Center, 2014).

14. Francisco Sampedro Nieto, Religiones Americanas y Afroamericanas. *Veritas* 1, no. 14, 11–42.

15. Moses, *Dynamics of Transformation [Dinámica de la transformación]*, 98.

Parte 2
El jardín familiar

3 Un ambiente familiar saludable

Un ambiente familiar sano es un buen indicador del éxito de los niños sordos y con dificultades auditivas. El papel de la familia nuclear (padres e hijos) y de la familia extendida (abuelos, tíos, tías, primos y otros) es de suma importancia en la cultura hispana/latina. El término *familismo* describe el gran valor que la cultura hispana/latina pone en la familia, incluso por encima de las necesidades individuales o de la comunidad. Se espera que haya lealtad y apoyo mutuo entre los miembros de la familia[1]. También existe una estructura patriarcal en las familias hispanas/latinas, a veces conocida como *machismo*, que le concede al padre o a los parientes varones de mayor edad la toma de decisiones sobre la mujer y las niñas. A pesar de que el *machismo* se podría entender con una connotación negativa, en la cultura hispana/latina se refiere a la expectativa de que un hombre sea fuerte y tenga autoridad para poder cumplir con su obligación de proteger y mantener a su familia[2]. Es por esto que es vital que las figuras masculinas que hay en la vida de su hijo sordo, así como la familia extendida, formen parte de su sistema de comunicación y de sus procesos educativos para crear un ambiente familiar sano.

Empecemos con los siguientes casos de tres familias. En cada caso, los padres se preparan para una escapadita de fin de semana:

Los padres están de pie en la puerta con sus maletas, diciéndole adiós a su hijo de seis años de edad y a su cuidador. El niño parece resignado pero no infeliz. Le da a sus padres un abrazo de despedida, al parecer aceptando la situación.

Los padres están en la puerta de su casa. Han contratado a una niñera para quedarse con su hijo. La consternación y la ansiedad en las caras de los padres son evidentes. Se van pero inmediatamente vuelven a asegurarse de que, sí, su niño entiende lo que está pasando y a decirle al niño que sí, realmente van a volver en dos días.

La familia ha viajado a la casa de la abuela paterna. Ha pasado mucho tiempo desde la última vez que los dos niños, de seis y ocho años, vieron a su abuela, y el niño más joven no se acuerda de ella en absoluto. Los padres tratan de entrar por la puerta. Aunque el chico mayor juega en el suelo, aparentemente feliz y despreocupado, el más joven se da cuenta de que sus padres lo van a dejar al cuidado de esta extraña de pelo canoso. Mientras que la abuela lo sostiene por detrás, el niño se aferra a las piernas de su madre. A esto le sigue una rabieta en toda su magnitud y los padres, con mucho pesar, se despegan del niño, cogen sus maletas y huyen.

En la primera familia, donde todos parecen tranquilos acerca de la separación inminente, los padres y el niño son sordos, y todos utilizan el lenguaje de señas americano (ASL, por su sigla en inglés) como su primer idioma. El niño, que ahora tiene ocho años de edad, empezó a responder al lenguaje de señas e incluso comenzó a hacer sus propios gestos prelingüísticos alrededor de los seis meses. Los padres contrataron a una niñera sorda, quien también usaba el lenguaje de señas americano como primera lengua, la llevaron temprano a conocer al niño, y dejaron claro que regresarían de sus vacaciones de fin de semana en la noche del domingo. El niño y la niñera parecían llevarse bien, y todos estaban contentos.

Tenemos dos explicaciones posibles para la segunda familia. Una es que el niño es sordo y los padres son oyentes, al igual que la niñera contratada. Este niño se quedó sordo como consecuencia de la meningitis a los tres años y, desde entonces, ambos padres han estado tomando clases de lenguaje de señas por las noches y aprendiendo formas de comunicación que se basan en la visión en lugar del oído. El niño ha aprendido el lenguaje de señas en la escuela y lo maneja de forma bastante fluida; sin embargo, ninguno de los padres señaliza bien, y las abstracciones comunicativas son un reto para ellos. La niñera ha recibido algo de instrucción en el lenguaje de señas y está entusiasmada por practicarlo.

La segunda explicación posible es que el niño es sordo, los padres son oyentes, y la niñera contratada también es oyente y ha tenido poca experiencia con niños sordos y con dificultades de audición. El niño se quedó sordo como consecuencia de la rubéola materna, que la madre contrajo durante el primer trimestre del embarazo. Como al niño se le diagnosticó con sordera, los padres han estado estudiando formas de comunicación basadas en el habla, la lectura labial y las habilidades auditivas.

En ambos casos, la pregunta inmediata para los padres es si el niño realmente entiende quién es la niñera y lo que está sucediendo. ¿Han transmitido los padres claramente el hecho de que ellos van a regresar la noche del domingo, que el niño estará a salvo con esta mujer, y que se van voluntariamente, para divertirse y no porque algo terrible haya sucedido? La ansiedad del niño se centra en los mismos problemas: ¿Van mis padres a volver realmente? ¿Quién *es* esta persona? ¿Puedo confiar en ella? ¿Por qué me dejaron mis padres? Parece que se quieren ir—¿es por algo que he hecho?

En la tercera familia, aunque el hermano mayor oyente parece contento, el caos reina en la mente y en el comportamiento del hermano menor, quien fue diagnosticado con sordera profunda a la edad de cinco meses. Los dos padres trabajan a tiempo completo y han tenido la presión constante de pagar servicios de niñera permanente, y más aún, de aprender el lenguaje de señas. Ellos han desarrollado en la familia un lenguaje de gestos y expresiones que se ha quedado demasiado simplista e inadecuado para la tarea de comunicar abstracciones. Aunque están contentos de estar a punto de tener dos días de descanso y relajación a solas, estos padres han sido incapaces de explicarle a su hijo sordo a dónde van, por qué se van, cuánto tiempo se irán, cuándo van a volver, *que* de verdad van a volver, de quién es esta casa y quién es esta persona de cabello canoso. Sin respuestas a estas preguntas, cualquier niño de seis años se alarmaría. Este niño puede ser sordo, pero no ciego, y aún así se le está pidiendo que funcione en la oscuridad.

Una palabra de aclaración

A través de este libro, esperamos llegar a las familias como las del segundo y tercer ejemplos anteriores. Puede que los padres sordos de niños sordos tengan poca o ninguna necesidad de un libro como éste; en combio los padres oyentes de niños sordos necesitan toda la información que puedan obtener lo más rápidamente posible —y eso incluye un curso rápido en comunicación, tanto oral como de señas. El adaptarse a tener un hijo sordo conllevará a un cambio en los patrones de comunicación existentes en la familia, y esto significa abandonar la dependencia exclusiva en la audición a favor de una nueva dependencia en la visión. Esto no es una tarea sencilla, pero quizás no sea tan difícil como puede parecer a primera vista.

Desde el principio, nos gustaría dejar claro que cuando hablamos de su entorno familiar, no estamos sugiriendo desmontar ni abandonar su forma particular de hacer las cosas. Tampoco estamos juzgando, a ciegas, la forma en que usted y los miembros de su familia se relacionan y se comunican. Sus costumbres, sus ideas e intuiciones, sus juicios y preferencias, sus gustos y aversiones y sus excentricidades—en una palabra, la singularidad de su familia—tienen su propio valor. Nuestro objetivo aquí no es criticar ni juzgar, sino más bien ofrecerle el beneficio de nuestras experiencias como personas sordas y el de la experiencia de muchos padres para solucionar un problema tan único y multifacético como es el de es transmitirle información a un niño sordo o con problemas de audición.

Los problemas más importantes que se derivan de ser sordo no están relacionados con las limitaciones auditivas, sino con las limitaciones en la comunicación[3]. Una y otra vez, las personas sordas nos han contado sus peores experiencias, y todas tienen que ver con quedar excluidos de las conversaciones a la hora de la cena, en acontecimientos familiares y durante las interacciones diarias de la familia. Una de las respuestas más perturbadoras y odiadas que las personas sordas recibimos cuando preguntamos lo que está ocurriendo es: "Luego te lo digo". Con bastante frecuencia, la gente se olvida y *nunca* se nos dice nada después. Este capítulo ofrece algunas pautas generales que le ayudarán a cambiar su perspectiva y lo advertirán contra este tipo de negligencia comunicativa no intencionada. El siguiente capítulo: "Algunos consejos de jardinería", ofrece más sugerencias concretas para que su niño se sienta "conectado" e incluido en el vínculo familiar. El capítulo 5 considera a la familia desde un punto de vista ligeramente diferente—el de los hermanos oyentes de niños sordos.

Haciendo cambios

Casi invariablemente, cuando los padres se enteran de que su hijo es sordo, su intención es hacer los cambios necesarios en el hogar lo antes posible. Pero, ¿cuáles deben ser estos cambios? En los viejos tiempos, en lo que ahora conocemos como la "Epoca Oscura", antes de que el mundo de los oyentes empezara a ver la sordera por lo que es, muchos educadores animaban a los padres a tratar a un niño sordo como si fuera un niño oyente de la misma edad. No estamos en desacuerdo con este concepto general en cuanto a las expectativas de comportamiento y de rendimiento, pero el hecho es que los niños sordos *sí* difieren significativamente de los niños oyentes en las formas en que reciben y transmiten mensajes. La tarea consiste no en desmantelar los patrones familiares y empezar de cero, sino más bien en encontrar nuevas formas visuales de incluir a su hijo sordo en esos patrones y darle la misma información, orientación y apoyo emocional que les da a sus otros hijos. En otras palabras, si se basan en el oído, haga que sean accesibles visualmente siempre que sea posible.

Una de las consideraciones culturales a tener en cuenta es entender el nivel de aculturación de los padres o de la persona a cargo dentro de la comunidad Sorda. Las personas jóvenes hispanas/latinas que están aculturadas pueden ser más propensas a ver la sordera como una condición biológica que se puede controlar con intervención médica. Las personas menos aculturadas y de edad avanzada pueden ser más propensas a ver la sordera desde una perspectiva cultural, que incluye el verla como un castigo de Dios, entenderla desde la perspectiva de la *predestinación*, explicarla con la creencia hispana /latina en las enfermedades "calientes" y "frías" y otras supersticiones, o verla como el resultado de un maleficio.

La *predestinación* se refiere a la creencia en la inevitabilidad de ciertos acontecimientos porque "tenían que pasar" o porque "es la voluntad de Dios". La *predestinación* se refiere al punto de vista de algunas personas hispanas/latinas de que la sordera de sus hijos no se podía haber evitado. La sordera en un niño puede verse como algo dispuesto por Dios que hay que aceptar. También puede verse como el resultado de la envidia de otra persona, alguien que le ha causado el mal de ojo al niño, o como resultado de un susto/pérdida del alma o de una fontanela hundida, popularmente conocida como la mollera caída, en cuyo caso ven necesario el uso de curanderos tradicionales, yerberos, masajistas, hueseros, curanderos mágicos, y tiendas de hierbas y objetos religiosos[4].Una madre entrevistada para este libro nos explicó que algunos remedios tradicionales que se usan en la cultura hispana/latina incluyen el llevar al niño a la iglesia para que el sacerdote lo libre de todo maleficio, al igual que llevar al niño a un curandero para que éste lo sacuda de tal manera que los oídos del niño se abran y se le cure la sordera.

La teoría de las enfermedades calientes y frías también es importante cuando se habla de cuidar a un niño sordo. Muchas personas hispanas/latinas creen que las enfermedades se pueden clasificar como "calientes" o "frías". Las enfermedades calientes incluyen la ira, la diabetes, la dermatitis del pañal o rosadura, el reflujo/úlcera péptica, la hipertensión, el mal de ojo, el embarazo, el dolor e infecciones de garganta, y la pérdida del alma. Las condiciones frías incluyen el cáncer, los cólicos, la indigestión, la disminución de la libido o deseo sexual, el dolor de cabeza, los dolores menstruales, la neumonía y las infecciones de las vías respiratorias superiores[5]. Aunque no existe una clasificación clara de la sordera como condición fría o caliente, los hispanos/latinos pueden entenderla como una u otra y tratarla de acuerdo a dicha clasificación con remedios caseros y tratamientos de curanderos tradicionales.

Recuerde, el ser sordo no tiene que ver con el sonido, sino con el acceso a la comunicación. Si la información no está llegando al cerebro a través de la vía auditiva, ¿significa eso que no encontrará otra manera de llegar? De ningún modo. El objetivo es encontrar una nueva ruta para que la información pueda viajar—si no a través de los oídos, a través de los ojos. Hoy en día sabemos que, de existir un problema auditivo, la parte del cerebro responsable del procesamiento del lenguaje hablado también responde apropiadamente al lenguaje de señas visuales y responde aún mejor al uso de ambos estímulos[6].

Interpretando el mundo

¿Cuántas veces ha dicho o ha escuchado a otros padres decir: "¿Pero, dónde ha aprendido ella eso?". Si usted tiene niños, ya sabe lo mucho que ellos aprenden simplemente absorbiendo lo que oyen. Esto se conoce como *aprendizaje incidental*. Este comienza muy pronto; los niños oyentes aprenden a través de lo que escuchan casi desde el nacimiento, y los padres a menudo se sorprenden y se admiran de lo mucho que sus hijos parecen saber sobre el mundo cuando empiezan a hablar. Sobre todo, los niños absorben, como por ósmosis, esa información especial que conforma la cultura y la personalidad de su familia—las creencias, costumbres, opiniones, mitos, chistes y entendimientos que le aportan a su familia su carácter especial.

Los niños sordos, sin embargo, no tendrán acceso a la conversación espontánea y casual, a la charla en la mesa del comedor, a las sesiones de preguntas a la hora de dormir ni a otras actividades auditivas a través de las cuales se intercambia esta información familiar. Esto no quiere decir que el niño no le saque sentido a su entorno. Del mismo modo que lo hacen los niños oyentes, los niños sordos recogen pistas sobre su entorno y las juntan por sí mismos para darle sentido a todo. Sin embargo, sin el comentario inadvertido que los padres oyentes comparten con los niños oyentes, o los padres sordos con los niños sordos, los niños sordos de padres oyentes quedan a menudo a su propia solos—y, a veces desorientados en sus intentos de averiguar lo que está pasando.

Como muchos escritores e investigadores han dejado en claro, los niños sordos que no tienen guía ni acceso al lenguaje se las arreglan sorprendentemente bien para resolver y entender el significado de las cosas. Ellos no están menos capacitados intelectualmente ni cognitivamente que sus compañeros oyentes[7]. Sin embargo, la mayor parte del aprendizaje de los niños sordos debe llevarse a cabo de una forma accesible. Si los padres no se aseguran de que la información les llegue a sus niños sordos y que su significado sea claro, la precisión con la que los niños interpreten su entorno está destinada a sufrir. Uno de los problemas más graves que tienen los niños sordos es la falta de conocimiento contextual, también conocido como *conocimiento previo, conocimiento del entorno, o de los esquemas,* cuando empiezan a ir a la escuela[8]. Le repetimos esta idea y le sugerimos que medite sobre ella. Déjela asentarse, porque es la base para el enfoque que se detalla en este libro: *Asegúrese de que la información le llegue de manera fluida y clara a su hijo sordo si quiere que el niño alcance el entendimiento preciso de su entorno que es tan fundamental para el éxito académico y personal.*

¿Cual es la relación entre el entorno familiar y la necesidad continua de su hijo de que le comenten y le expliquen las cosas? ¿No es lo más importante— puede que usted se plantee— proporcionarle un refugio afectuoso y seguro al niño y dejar la enseñanza para los expertos y para los maestros de la escuela? Es cierto que los niños pequeños aprenden muchas habilidades sociales así como la base de las habilidades académicas en el pre-escolar. Sin embargo, la participación de los padres y las expectativas positivas de rendimiento tienen una mayor influencia[9]. Por lo tanto, aunque usted no sea maestro, a usted le corresponde cumplir la función de primer maestro que le enseñe a entender su entorno: el alfabeto, los números, las formas, los colores, los objetos y así sucesivamente. Estos son los conceptos más visuales que enseñar; pero también hay nociones no tan obvias y más abstractas como las habilidades sociales. Todo lo que sucede en su hogar tiene significado, pero gran parte de ese significado no le será accesible a su hijo sordo hasta que usted conscientemente lo ponga a su disposición. Considere algunos de los siguientes detalles cotidianos y trate de imaginar cómo iba a poder descubrirlos su hijo si usted no se los enseña:

- La tía Florencia es la hermana gemela de tu papá y tu abuela es su madre.
- Es de mala educación eructar durante o después de la cena y está absolutamente prohibido jugar con la comida.
- En muchos hogares, los niños son lo primero; pero en nuestra familia, las personas de edad avanzada están en primer lugar.
- El interferir con un proyecto de alguien es un pecado cardinal— y eso incluye el perder la página por la que alguien iba en un libro por quitarle el marcador.
- En nuestro hogar la verdad manda. Incluso las pequeñas mentiras están prohibidas. Si no te podemos creer, tampoco podemos confiar en ti.
- En nuestra casa todo el mundo hace su parte. Si no ayudas, tampoco vas a recibir las recompensas. Si te quedas en la cama cuando el resto de la familia contribuye a hacer la limpieza, tampoco tomarás helado con el resto de la familia al final del día.

Las normas y realidades de cada familia son diferentes, pero cada familia las tiene. Si usted no se hace cargo de transmitirle esa información a su hijo sordo o con dificultades auditivas, ¿quién lo hará?

¿Recuerda las tres familias descritas al principio de este capítulo? La primera familia, que estaba constituida por los padres sordos y un niño sordo, tuvo una despedida relativamente fácil, a pesar del hecho de que era el primer viaje que hacían los padres desde que el niño había nacido. Desde el primer día, estos padres, sin pensarlo siquiera, habían sumergido al niño en la comunicación dentro de la familia. Tanto ellos como el niño vivían en un mundo visual, no del sonido, y tenían maneras de transmitir toda la información necesaria—la información abstracta, la información sutil, los chismes, la solidaridad, los chistes y los valores—a través de los ojos, no de los oídos, todo ello sin ser del todo conscientes, en muchos casos, de lo que estaban haciendo ni por qué.

Usted está enfrentando la misma tarea, pero con mucha menos preparación y práctica. Como padres oyentes de un niño sordo, ustedes están obligados a cambiar, muy conscientemente, su estilo de comunicación en general. Le instamos a que se recuerde a sí mismo, cuando piense en esto, que no está cambiando de algo bueno a algo malo, de capaz a incapaz, de un estado saludable a un estado de enfermedad. Usted está cambiando de un punto de vista a otro. Una vez más, los siguientes ejemplos pueden serle útiles. Considere el contraste de las actitudes que hay implícitas en las siguientes frases:

> "Mi hijo no puede oír nada con claridad", frente a: "Mi hijo recibe información a través de los ojos, no de los oídos".

> "Mi hijo no se puede comunicar de manera normal", frente a: "Mi hijo se puede comunicar sobre cualquier tema".

> "Mi hijo va retrasado en el lenguaje", frente a: "Mi hijo está en el proceso de adquirir el lenguaje".

> "Tengo una hija sorda", frente a: "Mi hija, que tiene diez años y es una lectora ávida, quien escribe poemas y ha entrenado a su perro a sentarse sin usar correa, a quien le encanta nadar, y quien a veces se pelea con su hermano, es sorda".

Si su experiencia con las personas sordas ha sido muy limitada, las expresiones positivas de esta lista pueden parecerle vacías. "Esto es una tontería", —puede que usted piense— "historias de color rosa que tratan de ponerle buena cara a las cosas".

La investigación demuestra que las experiencias de la infancia de los padres son factores importantes que determinan cómo crían a sus propios hijos[10]. La falta de trato con personas sordas en su propia vida puede ponerlo en desventaja a la hora de evaluar las necesidades de su hijo en casa. Si se siente incómodo con la idea de que ser sordo es simplemente algo que es diferente de poder oír, ni peor ni mejor, no se desanime. A medida que reflexione y aprenda más sobre el papel de la comunicación en la vida de los sordos, casi de seguro va a cambiar su opinión.

Necesidades especiales de comunicación

El ser sordo tiene que ver con el acceso a la comunicación, no con el sonido. En el mundo de los sordos, esta es una forma común de resumir los desafíos de ser sordo. Pero, ¿qué es lo que esto significa precisamente? Para tratar de visualizar la respuesta, en lugar de adivinar, recordemos a la tercera familia del principio de este capítulo. Jimmy, de ocho años, y Charlie, de seis años, se van a quedar en la casa de su abuela. Vamos a retroceder en el tiempo hasta el momento en el que los niños se enteraron del viaje.

Jimmy, un niño oyente, ha estado anticipando el viaje durante semanas. Él sabe que va a volar en un avión grande y que cuando llegue a casa de la abuela, sus padres saldrán para un viaje los dos solos. Una semana antes del viaje, Charlie, que es sordo, comienza a ver que pasa algo raro. Se da cuenta de que la rutina de la familia se ha visto alterada; están lavando la ropa, la están amontonando en la sala y la están metiendo en unas extrañas cajas marrones con asas. El día de la salida, él nota que la familia va a alguna parte, pero no sabe a dónde, por cuánto tiempo, ni por qué—y nadie intenta aclarar el misterio. Los padres de Charlie consideran su sordera como una barrera para cualquier tipo de comunicación; dejaron de intentar comunicarse con él poco después de enterarse de que era sordo. Aunque Jimmy incluye un poco a Charlie en sus juegos, arrastrándolo como si fuera una muñeca, él básicamente sigue el ejemplo de sus padres y en realidad nunca habla con Charlie ni trata de ayudarlo a entender lo que está pasando.

Jimmy apenas puede contener su emoción cuando la familia llega al aeropuerto. Aprieta la nariz contra los ventanales de vidrio para observar los aviones grandes que llegan. Pero Charlie no reconoce a los gigantes plateados como los pequeños puntos que ha visto volar en el cielo. No tiene idea de lo que son y se asusta con las tremendas vibraciones que salen de sus motores. Lo último que se le hubiera ocurrido es que él iba a meterse en uno y volar. Incluso cuando está a cinco millas de altura en el cielo, no entiende dónde está. Lo único que sabe es que el repiqueteo de los motores y el traqueteo del viaje son incómodos y que tiene una sensación rara en los oídos.

Cuando la familia finalmente llega a casa de la abuela, Charlie no tiene ni idea de quién es esta mujer de pelo canoso. Por supuesto no espera que sus padres lo dejen a él y a su hermano con esta extraña. Pero después de muchos abrazos y besos, lo que vagamente tranquiliza a Charlie, sus padres salen por la puerta. Charlie está inconsolable. Le tiene miedo a su abuela. Nunca había conocido a una persona mayor (excepto cuando era aún muy pequeño como para recordarlo), y el pelo canoso de la abuela le recuerda a un dibujo horroroso de una persona anciana y retorcida que vio una vez en un libro. Además, nunca lo han dejado en ningún lugar por la noche. Tiene miedo de que sus padres nunca vayan a volver y después de un día y una noche, está seguro de que así será. El pasa de la ira y la soledad a la depresión. Nadie puede hacer que se aleje de la puerta, junto a la que se recuesta durante horas, con la mejilla sobre la alfombra.

Las reacciones de Charlie tienen sentido. Ha juntado pistas acerca de lo que está pasando; pero para llegar a la conclusión correcta, necesita toda la información a la que Jimmy tuvo acceso a través de los mensajes auditivos. Los niños sordos y oyentes no difieren en su capacidad de procesar el contenido de la comunicación; sólo se diferencian en las formas en las que se comunican. Lo que los padres hablen con sus hijos oyentes, también deben hablarlo con sus hijos sordos, y no menos a fondo.

En el entorno del hogar ideal, los padres de Charlie le habrían transmitido la siguiente información: "Vamos a un viaje maravilloso a la casa de la abuela. La abuela es la mamá de papá y ella te quiere mucho al igual que a Jimmy. Vamos a ir en un avión grande y ruidoso que vuela alto en el cielo. Después de un rato, mamá y papá se van a ir y ustedes van a quedarse con la abuela. Vas a divertirte mucho; tal vez incluso vayan al zoológico y al circo. Después de eso, mamá y papá van a regresar para llevarte a casa de nuevo".

Aquí, es importante identificar el peligro más serio a los que se enfrentan los niños sordos: *Que se les deje completamente al margen del proceso de comunicación.* Sólo usted puede proteger a su hijo del aislamiento. Usted es el guardián del derecho que su hijo tiene a comunicarse con los demás. Como tal, es su papel y su responsabilidad el crear un ambiente familiar en el que la comunicación incluya a su hijo sordo.

Como padre, usted va a pasar más tiempo con su hijo sordo que cualquier otra persona que él o ella conozca, especialmente en los años preescolares. Usted es la clave para el desarrollo emocional sano del niño y va a jugar un papel central en el desarrollo de sus habilidades de comunicación. Como padre, abogado, "embajador" y narrador del mundo exterior, usted será el maestro más importante en la vida de su hijo.

Fundamentos del lenguaje en pocas palabras

Por su propia naturaleza, la incapacidad de oír limita el acceso al sonido y al habla. La sordera en sí es en realidad un concepto construido socialmente por el mero hecho de que en el mundo de los oyentes, el sonido y el habla son considerados como las vías "normales" para obtener nuestros fines; son las vías de comunicación típicas y establecidas que nos conectan con otras personas. Al estar bloqueado el acceso a estas conexiones socialmente establecidas, y si no se interviene de alguna manera, la incapacidad de oír puede tener un impacto profundo en el lenguaje de su hijo y en su desarrollo social. Esto interfiere con las relaciones que de otro modo se forman de manera natural y que crecen en su complejidad a medida que el niño madura. Es en esta área—la del fomento de relaciones sanas—en la que usted va a jugar un papel fundamental como maestro y como puente de enlace, informando a su hijo acerca de las formas en que las personas se relacionan en nuestra cultura; es decir, acerca de los dóndes, los cuáles, los por qués, los cuándos y los cómos de la comunicación.

Usted va a empezar a preparar a su hijo para la sociedad desde el día en que él o ella nazca. La tarea de aprendizaje más importante de la infancia es el desarrollo de un vínculo de confianza con los cuidadores primarios. Aunque parezca indefenso y completamente dependiente de las personas que están a su cargo, el bebé no es simplemente un receptor pasivo de su atención. Desde el principio, el desarrollo humano es un proceso recíproco. Los atributos biológicos y el comportamiento de los bebés humanos atraen a los cuidadores hacia ellos, asegurando así que reciban el cuidado que necesitan. Por lo tanto, estos pequeños seres, de apariencia indefensa, en realidad son socios activos en la interacción con sus padres, equipados para obtener de ellos las experiencias que necesitan para desarrollarse[11]. Dos de las primeras interacciones implican la mirada y la vocalización.

La mirada del bebé hacia la cara de los padres, que lo están mirando a él, es una forma de establecer un vínculo. Una mirada desencadena otra mirada, y el resultado es el comienzo de la primera relación social del bebé. Este proceso, el cual es crucial para el desarrollo del vínculo entre padres e hijos, se llama *acoplamiento de la mirada*. La interacción vocal lleva este vínculo un paso más allá. En los primeros meses de vida, el niño aprende que su llanto le trae a un padre atento y dispuesto a cubrir sus necesidades. Este descubrimiento finalmente proporcionará un puente hacia el lenguaje. La predictibilidad de esta interacción hace que se desarrolle la confianza; si un padre no responde a los llantos del niño, la confianza tarda más en desarrollarse. Y los pasos de este intercambio—primero hago un sonido, entonces tú respondes—establecen el patrón de base para la interacción verbal de los próximos años: la conversación. La conversación es un juego de turnos, y los primeros turnos son el llanto y la respuesta[12].

Pero ¿qué le ocurre a este proceso si el bebé no puede oír su propio llanto—si el sonido está tan amortiguado o alterado que el bebé no entiende que él o ella tiene el control del mismo, y por lo tanto no se da cuenta de la función que tiene para alertar al cuidador? La respuesta es que no sólo el proceso de comunicación, sino también la relación, se ven afectados. Los bebés sordos o con dificultades auditivas puede que nunca asocien la vocalización con la aparición del cuidador, y por lo tanto, pueden tardar más en desarrollar su confianza en los padres y en su entorno. Los padres pueden darse cuenta de que sus propias vocalizaciones tienen poco o ningún efecto en calmar a un bebé agitado, lo que a su vez socava su confianza y le resta satisfacción a las primeras experiencias con sus hijos.

De modo que un proceso que es natural y recíproco se ve interrumpido. Pero no tiene que ser así; al menos no del todo. Si tiene la suerte de haberse enterado pronto de que su hijo es sordo, puede sustituir los sonidos consoladores que calman a un bebé oyente con su presencia visual y táctil. Usted puede responder a la agitación de su bebé tomándolo en sus brazos y asegurándose de que su cara llene el campo visual del niño. Aunque usted no podrá confiar en el sonido de su voz para calmar al bebé antes de ponerlo en la cuna, sí podrá utilizar su mirada y su presencia física para darle el consuelo que necesita y fomentar así la confianza y la predictibilidad y comenzar a establecer una relación. Puede requerir muchos intentos el averiguar lo que su hijo quiere, pero la clave es seguir intentándolo, porque así le enseñará lo importante que él es para usted.

Alrededor de los diez meses de edad, el bebé humano aprende a usar gestos, así como vocalizaciones, para llamar la atención o pedir cosas, e incluso puede participar en juegos simples (toma-y-dame-el-objeto, esconde-el-objeto). Alrededor de los trece meses de edad el bebé suele mostrar patrones más elaborados de comunicación—balbuceo, canto, arrullos—la primera etapa del habla. Incluso los bebés sordos hacen esto; pero para mantener este proceso en marcha, necesitan un tipo de estímulos sistemáticos tanto visuales como táctiles que sólo puede proporcionarles el lenguaje.

Los padres tienen que encontrar alternativas visuales para los sonidos de los cuales dependen los bebés oyentes. Esto no es difícil de hacer; lo que es difícil al principio es *recordarlo*. Como hemos aprendido de las familias sordas con niños sordos, los bebés cuyos padres expresan atención, interés y fiabilidad visualmente a través de la expresión y del gesto desarrollan su destreza manual con mayor rapidez que otros bebés. Los padres sordos también hacen hincapié en ciertos tipos de comportamientos de comunicación que son particularmente útiles para los bebés. La adopción de estos comportamientos le ayudará a su niño a estar más atento y a aprender el lenguaje más temprano[13].

¿Cómo usan los padres la visión en lugar del sonido para comunicarse con su bebé? De recién nacidos y durante la niñez todos pasamos por un proceso de desarrollo para adquirir un medio de expresión. En concreto, para añadir significado, utilizamos conductas no verbales mientras hablamos o hacemos señas. Utilizamos gestos y expresiones faciales y señalamos con el dedo. Pero la siguiente lista describe algunas estrategias para establecer y afianzar el vínculo padres-infantes a través de la visión:

1. *Mantenga la atención del niño a través del contacto con los ojos.* Estos son algunos consejos aprendidos de padres sordos para favorecer el contacto visual:

a. Coloque la mano o el cuerpo, de tal manera que el bebé pueda ver lo que usted le comunica sin tener que dejar de mirar el juguete o actividad.

b. Ponga un objeto o un juguete delante del bebé y luego diríjalo hacia su propia cara para que el bebé lo siga con los ojos. Cuando el bebé pueda ver tanto la cara como el objeto, comente algo sobre el objeto.

c. Golpee suavemente el objeto, tal vez varias veces, antes y después de comentar algo sobre el objeto. Esto ayuda a que el bebé sepa de qué le está hablando.

d. Toque suavemente al bebé para indicarle, "Mírame". Repita la seña de tocarlo o combínela con el movimiento de un objeto si su primer intento no tiene éxito. *Sea paciente mientras el bebé está aprendiendo la seña.* Lleva tiempo. Evite la tentación de poner su mano bajo la barbilla del niño para redirigir su atención.

e. No tiene que llenar cada momento con comunicación y lenguaje. Es más importante hacerle caso a lo que le interese al bebé y asegurarse de que él o ella pueda ver lo que le dice.

2. *Utilice señas desde el principio.* Los niños empiezan a procesar y a comprender algunos aspectos del lenguaje mucho antes de producir su primera oración[14]. Así que tiene sentido que usted utilice señas desde el principio, al igual que el padre de un niño oyente utilizaría palabras. Aunque se recomienda el uso de ASL (sigla en inglés para el lenguaje de señas americano), LSM (lenguaje de señas mexicano), o el lenguaje de señas del lugar, esto no es necesario, siempre y cuando los gestos tengan significado. Al igual que ocurre con el lenguaje hablado que se usa con los bebés, los gestos, el lenguaje corporal y las señas que su propia familia invente van a tomar sentido en el contexto de la relación y de las experiencias que usted comparta con su bebé. Lo importante es la *expresividad*. Las entrevistas de Paul -uno de los autores de este libro- con adultos sordos que crecieron usando el lenguaje hablado revelaron un deseo universal de que sus padres hubiesen utilizado más expresiones faciales, mímicas, gestos, etc., para complementar el habla, la lectura labial y los modos de audición.

Cuando los padres usan gestos, señas y hablan con sus hijos desde el principio, el resultado es positivo. Los bebés comienzan a absorber los rudimentos y patrones del lenguaje, los cuales les sirven de base para el desarrollo posterior de sus habilidades de comunicación. Por regla general, estos bebés, incluyendo aquellos que crecen con el lenguaje hablado, empiezan a responder a las señas o a los gestos de los padres alrededor de los seis meses de edad—incluso antes de que los niños oyentes hablen sus primeras palabras[15]. Este intercambio de gestos es similar al intercambio vocal que comienza entre el padre y el niño oyente muy temprano en la infancia. Preste atención a los movimientos de los brazos, de las piernas y del cuerpo del bebé, ya que los bebés sordos tienden a moverlos más a menudo que los bebés oyentes y los padres sordos a menudo responden a estos movimientos como intentos de comunicación con significado.

3. *Hable, hable y hable, usando el sonido y los gestos.* Desde el principio, lo importante es participar en la comunicación y utilizarla para reforzar y afianzar su relación. Una consecuencia terrible de que los padres se desanimen y no se comuniquen con su bebé es que el niño quede excluido del círculo de comunicación y sin los recursos necesarios para desarrollar el lenguaje. Pero si usted persiste, usando el lenguaje corporal, las expresiones faciales, el lenguaje de señas, y, sí, el sonido, la vocalización y el habla, tendrá éxito en preparar el terreno, tanto para el desarrollo de la confianza como para la adquisición del lenguaje. Así mismo, ya que la mayoría de los niños sordos hacen algún uso de su audición residual en la comunicación, el reducir el ruido de fondo en su casa es crucial para el desarrollo del lenguaje de su hijo.

4. Respete los deseos de comunicación de su hijo. A nadie le gusta hablar todo el tiempo y menos si es sobre algo en lo que se tiene poco interés. Los bebés no son diferentes. Los niños cuyas madres suelen responder o seguir lo que a los niños les interesa desarrollan el lenguaje más rápidamente que los niños cuyas madres cambian el tema con frecuencia. Tome nota de lo que le interesa a su bebé y responda a ello. Si el niño está mirando un juguete u objeto y lo agarra, usted puede responder y comunicarse al respecto. Si usted conecta la comunicación con un objeto o actividad a los que el niño ya está atendiendo, va a ayudarle a su hijo a aprender palabras nuevas para identificar ese objeto o actividad. Los padres deben evitar la tentación de insistir en trabajar constantemente en el aprendizaje del lenguaje de sus hijos. Ellos pueden cansarse o "aburrirse" de las conversaciones, empezar a mirar hacia otro lado y perder su semblante de felicidad. Déjelos descansar y

tener un rato de inactividad. Algunos harán esto más frecuentemente que otros.

¿Siente usted el gran peso de la responsabilidad de cubrir las necesidades de su hijo lo antes posible? ¿Tiene miedo de que el haberse enterado tarde de la sordera de su hijo o el haber tardado en tomar medidas puede haber tenido un grave impacto en su desarrollo social y lingüístico? Trate de tranquilizarse sabiendo que, una vez que la comunicación comienza a fluir, es un río imparable. De hecho, desde el primer momento en que usted sostuvo a su bebé en los brazos, los dos se han comunicado de las formas más fundamentales, a través del tacto y de las vibraciones del sonido entre sus cuerpos, y a través de la mirada y de la imitación. Con imaginación y sin el prejuicio sobre la sordera que a menudo bloquea a los padres a la hora de continuar el desarrollo de técnicas visuales de comunicación, usted puede crear un ambiente en su casa en el que las ideas y la información fluyan libremente por cualquier medio necesario. Esta concientización temprana y la práctica de los gestos y señas con un niño sordo pueden abrir potentes canales de comunicación bidireccional.

Además de ser una de las cosas que más les molesta a muchas personas sordas, no hay ni que decir lo dañino que puede ser el excluir a un niño de las interacciones familiares, dejarlo sin poder participar en una simple conversación en la mesa durante la cena, ni en una broma, ni en una decisión familiar o ni siquiera en una discusión familiar. La autoestima, el auto-conocimiento, la confianza del niño en su capacidad para aportar algo a la familia y, más adelante, al mundo, dependen de la inclusión de ese niño en el lazo de comunicación. Pero hay otras consecuencias, aún más fundamentales, de dejar al niño sin una base para el desarrollo del lenguaje. Desde el principio, el lenguaje tiene una función social—sirve para incitar a la acción y como medio de contacto social. Poco a poco, sin embargo, el lenguaje comienza a servir una función interna, así como una función social, ayudando a dar forma a los pensamientos. Este desarrollo del lenguaje, a su vez, fomenta el desarrollo cognitivo (por ejemplo, el desarrollo de patrones de pensamiento), el cual es crítico para el logro académico.

La conversación: La piedra angular de la estructura social

A medida que el bebé crece, el acoplamiento de la mirada y los gestos de reciprocidad dan paso a los inicios de la conversación. La conversación es el medio principal que tenemos los humanos para la comunicación informal; un medio de interacción que implica mucho más que simplemente el dar-y-tomar del diálogo. Hay toda una gama de habilidades sociales y cognitivas que rigen y se ejercen en la conversación. Al participar en las conversaciones, los niños aprenden "cuándo hablar, cuándo no, [...] qué hablar con quién, cuándo, dónde [y] de qué manera"[16]. Las conversaciones familiares les proporcionan a los niños la práctica que necesitan para aprender y aplicar las reglas de interacción social. Cuanto antes empiece su hijo sordo o con dificultades auditivas a participar en las conversaciones, *independientemente de la forma de comunicación que utilice,* mejor equipado estará para participar en todos los ámbitos de la vida social en el mundo en general.

Al principio, ya sea su niño oyente o sordo, usted se encontrará haciendo un esfuerzo para proporcionar y mantener una conversación, tanto si comenzó estos intentos durante los primeros meses de la vida de su hijo o más tarde. Usted tendrá que desempeñar ambos papeles en la conversación para indicarle al niño cuándo responder. Para que dé resultado, usted tendrá que actuar la estructura de una conversación con el fin de mostrarle al niño cómo se hace, algo que la mayoría de nosotros hacemos de manera natural.

Por la misma razón, es importante que usted comience su propio programa de aprendizaje. *Ahora es el momento de comprometerse con la comunicación visual.* Lo invitamos a ser creativo y a comunicar sus mensajes a través de cualquier forma física y visible que le sea posible. A continuación le mostramos una posibilidad, basada en un ejemplo real.

Jean y Frank

Jean y Frank tomaron clases de lenguaje de señas americano cuando se enteraron de que su hija Maggie era sorda. Jean aprendió el ASL con fluidez, pero al igual que muchos padres, Frank siempre tenía poco tiempo y en realidad nunca lo dominó. Al principio todo iba relativamente bien, pero a medida que Maggie alcanzó la adolescencia, él se dio cuenta de lo mucho que se había perdido entre ellos. Su dominio del lenguaje de señas equivalía al lenguaje hablado de un bebé; en consecuencia, las conversaciones entre padre e hija eran superficiales.

Frank sabía que Maggie era una chica inteligente—podía ver las conversaciones animadas que tenía con su madre—y sentía que sólo estaba llegando a conocer las buenas cualidades de su hija de segunda mano, a través de su esposa. Se inscribió en una clase de lenguaje de señas con un profesor muy competente tanto en ASL como en SEE (*Signing Exact English*: sistema de comunicación por señas que sigue la estructura gramatical del inglés). Quiso aprender ambos modos de comunicación ya que además de ganar fluidez en ASL, también quería instruir a Maggie en las sutilezas de su lengua hablada. El uso del SEE se convirtió en una especie de afición entre padre e hija.

En una ocasión Frank casi hizo llorar a Maggie una vez que usó la seña en ASL para "MUY MAL" cuando ella rompió un espejo. "Que reacción tan exagerada"—pensó él, hasta que finalmente entendió que para Maggie "MUY MAL" significaba algo como "pues fastídiate", una expresión de burla que ella había experimentado antes en el patio de recreo de su escuela. Frank percibió que este tipo de malentendido semántico (la mala interpretación del uso y de la intención de la frase, no la frase en sí) le causó a Maggie un gran estrés emocional. Después de ese incidente, él se encargó de reducir al mínimo estas situaciones adoptando un enfoque recreativo para estudiar y jugar con el lenguaje.

La importancia de los libros

Los niños sordos pueden beneficiarse enormemente con la introducción temprana a los libros y al lenguaje escrito. Como todo niño, si se sienten cómodos con los libros durante la infancia, tendrán más posibilidad de convertirse en buenos lectores. Esto les permitirá beneficiarse enormemente de la palabra escrita, incluso para aprender información que se pudieran haber perdido durante los primeros años. Queremos hacer hincapié en la importancia de que familiarice a su hijo con el inglés y con el español impreso tan pronto como le sea posible. ¡Y no se olvide de los libros con ilustraciones!

Jean y Frank hablaron de lo aterrados que estaban al enterarse de las bajas expectativas que los profesores de niños sordos y otros profesionales tenían respecto a la capacidad de lectura de los niños sordos. Desde su punto de vista, a muchos profesores se les ha entrenado para no esperar más que un nivel de lectura de tercero o cuarto grado en los adultos sordos (para la población general, el promedio es el de décimo grado). Estas cifras tienden a estar arraigadas en la mente de muchos educadores y consejeros, incluso cuando se encuentran con personas como la hija de Jean y Frank, Maggie, quien es una lectora excelente. En nuestra experiencia, los sordos adultos que leen mucho y que dependen de la lectura para su auto-educación y entretenimiento, les están generalmente muy agradecidos a los padres que previeron la importancia de empezar a leer pronto y fomentaron las habilidades de lectura en sus hijos, incluso antes de la escuela primaria. Como incentivo adicional, debería tener en cuenta que los dos autores de este libro, dos adultos sordos exitosos y con doctorado, somos ávidos lectores. ¿Hace falta decir más?

Tómese el tiempo necesario

Pronto se dará cuenta, si no lo ha hecho todavía, de que hay pocas personas fuera de la familia que cuenten con la paciencia y la sensibilidad necesarias para comunicarse plenamente con su hijo. Una de las realidades de ser sordo es que, independientemente del método utilizado, y a menudo, sea cual sea la edad del niño, la comunicación requiere una enorme cantidad de energía; mucho más que la comunicación con un niño oyente de la misma edad. El comunicarse con un niño sordo lleva al menos el doble de tiempo que con los niños oyentes, y el captar con precisión el mensaje de un niño sordo puede conllevar muchos minutos de adivinar y descifrar. De hecho, la comunicación implica mucho más que simplemente responder. No importa cuál sea la edad del niño, desde la infancia hasta la edad adulta, usted tiene que hacer lo siguiente:

- Mantenga la cara dirigida hacia el niño en todo momento.
- Mantenga contacto visual constante y concéntrese por completo.
- Repita lo que vio o escuchó para asegurarse de que usted ha captado el mensaje original con exactitud.
- Evite el uso de preguntas que requieran una respuesta de "sí" o "no" y haga preguntas abiertas (quién, qué, dónde, cómo).
- Use la cara, el cuerpo y, a menudo, la creatividad, para hacer llegar el mensaje.

Sin duda alguna, el mantener esta clase de atención es algo agotador. Con un niño oyente, a menudo usted puede conversar mientras hace otras cosas (por ejemplo, preparar la comida mientras escucha cómo fue su día en la escuela). Pero con un niño sordo, la comunicación siempre tiene prioridad sobre otras actividades. Cuando usted y su hijo estén comunicándose, no puede—ni debe—haber nada más. Pocas personas ajenas a esta realidad van a tener la energía o el compromiso para cumplir con esa necesidad. Por lo tanto, otro aspecto del refugio que usted le proporciona a su hijo es la atención total que se requiere para comunicarse por medios visuales. Tenga la seguridad de que estos esfuerzos iniciales darán su fruto a largo plazo y que la comunicación se irá haciendo más fácil.

La sordera en la vida diaria: La historia de Anastasia

Existe todo un aspecto de la experiencia de ser sordo que parece habérselos escapado a la mayoría de los educadores y académicos—los tipos de experiencia que surgen de forma inesperada en el curso de la vida diaria. El ser sordo tiene repercusiones inesperadas, lo que requiere que los padres resuelvan problemas de forma práctica basándose en la empatía y en la imaginación. A continuación le ofrecemos un ejemplo de cómo una familia ha manejado estas experiencias.

Gail y Steven

Gail y Steven tienen dos hijas—Anastasia, quien es sorda, y Annemarie, oyente y un año más joven que Anastasia. Descubrieron que Anastasia era sorda cuando tenía dos años y medio de edad. En ese momento, ambos padres tenían una actitud igualitaria hacia la crianza de los niños, basada en la creencia de que deben dedicarle el mismo tiempo y darle la misma atención a cada uno de sus hijos. Durante los próximos años, sin embargo, se dieron cuenta de que debido a que Anastasia era sorda, comunicarse con ella requería más tiempo que comunicarse con Annemarie. Estuvieron de acuerdo en que era justo darle a Anastasia el tiempo y la atención extras que necesitaba, y encontraron maneras de compensar ese desequilibrio cuando Annemarie era más joven. A medida que la chica oyente se hizo mayor, se aseguraron de que ella entendiera completamente que le daban más tiempo y atención a su hermana, no porque quisieran más a Anastasia, sino simplemente porque era sorda.

A lo largo de la infancia y de la adolescencia de las niñas, Gail y Steven se dieron cuenta de que una consideración importante en la conformación de su entorno familiar era asegurarse de que Annemarie no se sintiera excluida ni descuidada. Su fuerte sentido de la justicia les llevó a entender que al compensar por la sordera de Anastasia con tiempo y atención, se arriesgaban a que su hija oyente se sintiera ignorada o desestimada.

Se decidieron por el método de la comunicación hablada y Anastasia respondió muy bien a la instrucción en habilidades auditivas, en el habla y en la lectura labial. De hecho, el método parecía muy adecuado tanto para la niña como para los padres, ya que los padres estaban dispuestos a hacer un gran esfuerzo para enunciar cuidadosamente cuando Anastasia no se enteraba de algo. Annemarie y sus padres son personas muy expresivas, que no dudan en utilizar sus rostros y cuerpos para transmitir un mensaje. Expresan lo que serían las entonaciones, las inflexiones y las modulaciones de la voz que se usan en las conversaciones entre personas oyentes a través de los movimientos de sus caras, hombros, manos y torsos. La idea es la de tener un intercambio activo y visible—nada se reprime y el caldo de comunicación que resulta es rico, nutritivo y agradable.

Tanto a Gail como a Steven les encantan los conciertos de rock y llevaban a sus niñas a estos eventos. Anastasia no podía escuchar la música, pero podía experimentar la emoción y el estímulo visual; podía sentir el ritmo resonante y le encantaban las multitudes y el ambiente colorido. A veces, sin embargo, Anastasia parecía aburrida e irritable en los conciertos, y sus padres se preguntaban si estaban exigiendo demasiado de ella. Parecía que las únicas alternativas eran renunciar a su propia diversión o excluir a Anastasia de la experiencia. En cambio, Steven se puso a pensar cuidadosamente en lo que podía hacer para que su hija lo pasara mejor.

Se le ocurrió la idea de mostrarle a Anastasia cómo distinguir entre las diversas vibraciones que estaba escuchando a través de los audífonos, la sensación de la música y la manera de relacionarlas visualmente con los instrumentos individuales. En primer lugar, él representaría cada sonidos representando los ritmos con las manos; a continuación, acercándose al escenario lo más posible, le mostraría a Anastasia qué movimientos de la mano de los músicos eran iguales a los suyos. Una vez que ella entendió, comenzó a disfrutar de acercarse a los músicos y observarlos. Ya no disfrutaba sólo de las multitudes y del ambiente de los conciertos, sino también de la música visualmente.

Aplaudimos la sensibilidad de Steven en darse cuenta de que Anastasia no habría podido por sí misma hacer la conexión entre los instrumentos y las vibraciones. Muchas personas oyentes habrían asumido que la conexión era evidente. Otros habrían asumido que la chica era incapaz de distinguir lo suficientemente bien entre las distintas vibraciones y asociarlas con los instrumentos individuales. Steven siguió su intuición y valió la pena (un truco que nos gustaría añadir es que sostener un globo inflado le ayudará a su niño a sentir la mayoría de las frecuencias medias y altas del sonido).

La sensibilidad de Gail y Steven hacia las circunstancias especiales que crea el ser sordo se extendía al difícil tema de la disciplina. Eran firmes en su creencia de que las dos niñas tenían que respetar los límites; pero con el paso de los años, descubrieron que en algunos casos, tenían que pensar en las cuestiones disciplinarias cuidadosamente para asegurarse de que la sordera de Anastasia no influyera. Muchos niños sordos aprenden a utilizar su sordera como excusa para escabullirse de responsabilidades que les parecen desagradables. "No entiendo muy bien las matemáticas. No puedo entender al maestro"—en una familia indulgente, una denuncia de este tipo podría hacer desaparecer como por arte de magia a las matemáticas. Gail y Steven se se mantuvieron firmes en su determinación de que tal cosa no ocurriría en su casa.

Algunas cosas son más difíciles para las personas sordas. Por ejemplo, Anastasia se inscribió al equipo de natación de la escuela secundaria, pero una vez que comenzó a competir, perdía siempre en las carreras, a pesar de haber marcado tiempos ganadores en las prácticas. Se quejaba de que perdía tiempo al comienzo de cada carrera porque no podía oír el disparo de salida y tenía que esperar hasta tener una pista visual. Se deprimió mucho y parecía estar perdiendo la confianza en sí misma. Como estaba tan disgustada, sus padres se preguntaron si su queja sobre el disparo era sólo una excusa para justificar sus derrotas. Pero después de ver varias carreras, llegaron a la conclusión de que, efectivamente, Anastasia se lanzaba al agua después que los otros, y dispusieron que se arrojara una bandera roja al agua cuando sonara el disparo de salida.

Si bien ellos reconocían que el ser sordo podría causar dificultades en ciertas situaciones, Gail y Steven fomentaron la independencia y la autosuficiencia en sus dos hijas por igual.

Desde el principio, no hubo ningún indicio de que Anastasia tendría menos responsabilidades que Annemarie. El énfasis de los padres en la autosuficiencia y la confianza inquebrantable en sus hijas dieron sus frutos. Las dos chicas alcanzaron el éxito en sus carreras y las dos se casaron y tuvieron hijos, experimentando el acto difícil de malabarismo que ha caracterizado la vida de las madres trabajadoras.

Hemos descrito a esta familia en detalle, porque encarna un concepto que es central en este libro— un concepto que es necesario que los padres de un niño sordo o con problemas de audición incorporen en las bases de su vida familiar: *Los niños sordos y oyentes son diferentes en sus formas de comunicación.* Y a partir de esta diferencia, surgen otras.

Gail y Steven pronto se dieron cuenta de que la sordera de Anastasia la hacía diferente de Annemarie. Ellos entendieron que, para empezar, la diferencia radicaba en las posibilidades de comunicación de Anastasia. Y supieron que la brecha de comunicación podría afectar su vida como individuo. Sabían que no podían pasar por alto el hecho de que su hija era sorda y siempre tendrían que tenerlo en cuenta al tomar decisiones, analizando cada situación para decidir si era necesario tomar medidas especiales para comunicarle la información y para permitirle expresarse.

Pensemos en la crianza de los hijos como algo análogo a la jardinería. Piense en Annemarie y en Anastasia ocupando diferentes partes del jardín familiar, como si cada una fuera una variedad diferente de plantas que requiere diferentes tipos de atención. Para tener un jardín familiar fuerte y floreciente, recuerde que su hijo sordo requiere que usted le dedique una atención especial con respecto a la comunicación y a la formación de relaciones sólidas.

Notas

1. Andrea B. Smith, *EthnoMed: Mexican Cultural Profile* [*EthnoMed: Perfil cultural mexicano*] (Seattle, WA: University of Washington/Health Sciences Library, 2000) [Seattle, WA: Universidad de Washington/

Biblioteca de Ciencias de la Salud]. Disponible en línea en http://
ethnomed.org/culture/hispanic-latino/mexican-cultural-profile/.

2. Charles Kemp y Lance A. Rasbridge, *Refugee and Immigrant Health:
A Handbook for Health Professionals [Salud de los inmigrantes y los refugiados:
Un manual para los profesionales de la salud]* (Oxford, UK: Cambridge
University Press, 2004) [Oxford, UK: Impresora de la Universidad de
Cambridge]: 260–70.

3. Kathryn P. Meadow-Orlans, Marilyn Sass-Lehrer, y Donna M. Mertens,
*Parents and Their Deaf Children: The Early Years [Los padres y sus hijos sordos:
Los primeros años]* (Washington DC: Gallaudet University Press, 2003)
[(Washington DC: Impresora de la Universidad de Gallaudet, 2003)]:12–13.

4. Gregory Juckett, "Caring for Latino Patients" ["Cuidando a pacientes latinos"], *American Family Physician [Médico de Familia Americano]*
87, no. 1 (2013):48–54.

5. Ibid.

6. Laura-Ann Petitto, "What the Eyes Reveal about the Brain:
Advances in Human Language Acquisition", ["Lo que los ojos revelan
sobre el cerebro: Avances en la adquisición del lenguaje humano"],
Webcast (Washington, DC: Laurent Clerc National Deaf Education
Center, 2014) [Washington, DC: Centro Nacional de Educación para
Sordos Laurent Clerc]. Disponible en línea en www.gallaudet.edu/
clerc-center/learning-opportunities/webcasts/what-the-eyes-reveal-
about-the-brain-webcast.html.

7. M. Diane Clark, Marc Marschark, y Michael Karchmer, eds.,
Context, Cognition, and Deafness [El Contexto, La Congnición y la Sordera]
(Washington, DC: Gallaudet University Press, 2001) [Washington, DC:
Impresora de la Universidad de Gallaudet, 2001].

8. Patricia L. McAnally, Susan Rose, y Stephen P. Quigley, *Reading
Practices with Deaf Learners [Prácticas de lectura con los alumnos sordos]*
(Austin, TX: Pro Ed, 2007): 11.

9. John Hattie, *Visible Learning: A Synthesis of Over 800 Meta-
Analyses Relating to Achievement [Aprendizaje visible: Una síntesis de más
de 800 meta-análisis relacionados con el logro]* (New York: Routledge,
2008): 68.

10. Meadow-Orlans, Sass-Lehrer, y Mertens, *Parents and Their Deaf
Children [Los padres y sus hijos sordos]*, 11.

11. Susan Rose, Patricia L. McAnally, y Stephen P. Quigley, *Language
Learning Practices with Deaf Children [Prácticas de aprendizaje del lenguaje
con niños sordos]* (Austin, TX: Pro-Ed, 2004): 8–11.

12. Jeanne Machado, *Early Childhood Experiences in Language Arts: Early
Literacy [Las experiencias de la infancia temprana en las artes del lenguaje:
Alfabetización temprana]* (Boston, MA: Cengage Learning, 2015): 4–11.

13. Patricia E. Spencer, *A Good Start: Suggestions for Visual Conversations with Deaf and Hard of Hearing Babies and Toddlers [Un buen comienzo: Sugerencias para conversaciones visuales con bebés y niños pequeños sordos o con dificultades auditivas]* (Washington DC: Laurent Clerc National Deaf Education Center, 2001) [Washington, DC: Centro Nacional de Educación para Sordos Laurent Clerc, 2001].

14. Machado, *Early Childhood Experiences [Las experiencias en la niñez temprana]*, 4–11.

15. Susan Goldin-Meadow, *The Resilience of Language: What Gesture Creation in Deaf Children Can Tell Us about How All Children Learn Language [La resiliencia del lenguaje: Lo que la creación del gesto en niños sordos nos puede decir acerca de cómo todos los niños aprenden el lenguaje]* (New York: Psychology Press, 2005): 4–7.

16. Dell Hymes, "On Communicative Competence", in *Sociolinguistics: Selected Readings* ["Sobre la competencia comunicativa", *en Sociolingüística: lecturas seleccionadas]*, ed. J. P. Pride y J. Holmes (Baltimore: Penguin Books, 1972): 6–12.

4 *Algunos consejos de jardinería*

EL CAPÍTULO 3 hizo hincapié en la importancia de una vida familiar segura y protectora en la que su hijo sordo encontrará no sólo refugio sino también explicaciones sobre los misterios invisibles del mundo. Estos son algunos consejos específicos para criar niños sordos fuertes, sanos y honestos, capaces de darse cuenta de su potencial cuando dejen el jardín familiar.

El criar niños sordos o con dificultades auditivas en una familia hispana/latina presenta desafíos únicos que van más allá de los que ya se han descrito en este libro, dadas las presiones socioeconómicas y culturales que enfrentan las personas hispanas/latinas que viven fuera de su país de origen. Puede que usted haya deseado con todo su corazón crear las condiciones necesarias para que a su hijo sordo le vaya bien en la vida; pero a pesar de sus esfuerzos, es posible que haya tenido que enfrentarse a retos adicionales por ser inmigrante (documentado o no documentado), como, por ejemplo, ser inmigrante de primera generación principalmente monolingüe y con habilidades limitadas para hablar inglés, tener enfermedades crónicas, y tal vez carecer de cobertura de un seguro de salud. Algunas estadísticas pueden ayudar a entender estas circunstancias. El Centro para el Control y la Prevención de Enfermedades (CDC por su sigla en inglés) indica que había 54,1 millones de personas hispanas/latinas en los Estados Unidos en el año 2013[1]. También en el 2013, los inmigrantes provenientes de México formaban

aproximadamente el 28 por ciento de los 41,3 millones nacidos en el extranjero que se encuentran viviendo en los Estados
Unidos, lo que hace que ellos sean, por un margen bastante
amplio, el grupo más numeroso de inmigrantes en el país. India
constituía el segundo grupo, seguido de cerca por China[2]. Las
personas hispanas/latinas se enfrentan a problemas específicos
de salud, tales como bajo peso al nacer; falta de seguro de salud,
especialmente en el caso de los ancianos hispanos/latinos; y las
enfermedades crónicas, como el cáncer, las enfermedades del
corazón y la diabetes[3].

Además de las dificultades habituales a las que se enfrenta la
población hispana/latina en general, los niños hispanos/latinos
sordos y con dificultades auditivas se enfrentan a otros retos,
como el tener que aprender dos, tres o incluso cuatro idiomas
(lenguaje de señas americano [ASL], lenguaje de señas mexicano
[LSM], inglés y español) y moverse en tres culturas: hispana/
latina, americana y sorda. Al mismo tiempo, el bajo rendimiento
académico de los estudiantes sordos hispanos/latinos requiere
una intervención temprana por parte de los padres, cuidadores
y educadores. El rendimiento académico de los niños sordos
hispanos/latinos es menor que el de sus compañeros angloa-
mericanos y afroamericanos, lo que confirma la multiplicidad
de los desafíos a los que se enfrenta este grupo[4].

Puede que usted haya notado que Gail y Steven, la madre y
el padre de Annemarie y Anastasia, no sólo eran buenos padres
para una niña sorda, sino que también eran buenos padres en
general. Un entorno familiar saludable para un niño sordo
no difiere cualitativamente del de un niño oyente; sólo difiere
cuantitativamente. Aunque tanto los niños oyentes como los
sordos necesitan que se les explique el mundo, los padres de los
niños sordos necesitan hacer sus explicaciones más explícitas;
no asumiendo nunca que el niño "va a aprenderlo por sí solo",
y no excluyéndolo nunca de forma inadvertida por no haberle
comunicado la información necesaria. Estos errores son casi
inevitables cuando los padres carecen de las herramientas necesarias para comunicarse con sus hijos sordos.

Prácticamente todo lo que uno pueda asumir o dar por sentado en la crianza de un niño oyente debe hacerse explícito con un niño sordo. Por lo tanto, como complemento a la primera regla de oro de este libro (que mantenga el flujo de información), existe una segunda regla, más simple: *En sus explicaciones del mundo, no asuma nada. Sea explícito.* Se puede tomar nota del hecho de que los adultos sordos a menudo son muy explícitos cuando explican algo y durante la narración de un libro, cuando hay inferencias que hacer a partir del texto. Las siguientes secciones cubren algunas circunstancias de la vida familiar en las que esta regla tiene particular importancia.

Hacer explícito el amor por su hijo

La mayoría de los padres son conscientes de lo sensibles que son los niños a los sentimientos de sus padres hacia ellos, especialmente en las primeras etapas de la vida. A pesar de ello, los niños son mucho más vulnerables psicológicamente de lo que los adultos a veces reconocen. Todos hemos visto lo que sucede cuando incluso un niño de carácter fuerte en edad preescolar de repente siente que sus padres desaprueban algo que ha hecho. Le cambia el semblante, los ojos se le llenan de lágrimas y el juego queda olvidado al mismo tiempo que el niño lucha por recuperar su sentido perdido de seguridad. Los niños sordos necesitan el mismo ambiente de seguridad, protección, afecto y apoyo que todo niño necesita. A esto, quizás más que a ninguna otra cosa, es importante aplicar la regla de ser explícito.

¿Recuerda haberle dicho "Te quiero" a su hijo o hija para tranquilizarlo y asegurarle que siempre tendrá su cariño sin importar lo que ocurra? A las mamás se les suele dar esto mejor que a los papás. Aunque la mayoría lo hace de forma natural, tal vez sea necesario recordarles que lo digan más a menudo. Es fácil expresar el enfado a través del lenguaje corporal, pero algunas personas tienen menos facilidad para manifestar amor o deleite en la compañía de otra persona a través de sus gestos y expresiones. No olvide el poder de un simple abrazo, de una sonrisa, de una caricia de consuelo y de una actitud alegre que le quite gravedad a los errores sin importancia. Recuerde que desde la infancia, su hijo sordo, como todo otro niño, está constantemente interpretando sus gestos faciales y corporales en busca de pistas. Son muy sensibles a su lenguaje corporal. Es como si cada cinco minutos, el niño mirara hacia arriba y preguntara: "¿Cómo lo estoy haciendo?". Sea consciente de darle la respuesta necesaria a través del lenguaje corporal, de la expresión y del lenguaje de señas: "Lo estás haciendo bien" o, claramente, "Déjame que te enseñe".

Los padres le transmiten su aprobación a un niño oyente de muchas maneras de las cuales un niño sordo no podría beneficiarse. Por ejemplo, en el transcurso de una conversación, la mayoría de la gente "asiente" y le da pequeñas pistas a su interlocutor indicando su interés para que continúe. Un niño oyente que le cuenta los acontecimientos del día en la escuela puede ver como un aliciente estos sonidos no verbales; pero los niños sordos no tienen acceso a estas señales auditivas. Por lo tanto, los padres deben dejar su interés y aprobación muy claros visualmente. De lo contrario, incluso por algo tan insignificante, se corre el riesgo de comunicar indiferencia.

Frank y Jean (los padres de Maggie, mencionados anteriormente) nos explicaron lo fácil que era olvidar que tenían que mirar a su hija sorda cuando hablaban con ella. Con su otra hija, Libby, podían hablar desde cualquier parte de la sala de estar; pero para asegurarse de incluir a Maggie, tenían que hacer un esfuerzo consciente. Esto era especialmente relevante cuando elogiaban y animaban a Maggie. Tenían que entrenarse a sí mismos a interrumpir el flujo de la conversación o de la actividad y mirar a Maggie o acercarse a ella para que pudiera apreciar su aprobación.

Frank y Jean también tenían que dejar explícito no sólo el tema de la conversación, sino su "forma". "Libby no tenía ningún problema entrando y saliendo de las discusiones familiares", nos explicaron, "pero a Maggie le resultaba difícil saber cuándo intercalar un comentario o afirmación. Así que desde muy temprano, tuvimos que asegurarnos de darle oportunidad de participar en el diálogo. Usted tendrá que incorporar ese esfuerzo adicional que requiere el comprender a un niño sordo o comunicarle algo a ese niño, o de lo contrario tenderá a olvidarse de ello".

Enfrentando "lo diferente"

Los niños sordos de padres sordos generalmente son conscientes de que son "diferentes" cuando conocen a niños oyentes y se dan cuenta de las formas "misteriosas" en las cuales esos niños se relacionan con otra gente oyente. La siguiente anécdota acerca de Sam capta el comienzo de este descubrimiento. Sam y toda su familia eran sordos. Cuando era joven, Sam se hizo amigo de la niña oyente de la casa del lado.

> Un día, Sam recuerda vívidamente, por fin entendió que su amiga era, en efecto, extraña. Estaban jugando en la casa de ella cuando de repente su madre se acercó a ellos y comenzó a mover la boca animadamente. Como por arte de magia, la chica cogió la casa de muñecas y se trasladó a otro lugar. Sam quedó desconcertado y fue a su casa a pedirle a su madre que le explicara qué es lo que le pasaba a la niña de al lado. Su madre le explicó que la niña era OYENTE y por eso no sabía HACER SEÑAS. En vez de ello, ella y su madre HABLABAN. "Ellas mueven la boca para comunicarse entre sí"—dijo la madre. Sam preguntó entonces si esta chica y su familia eran los únicos "así". Su madre le explicó que no; que de hecho, casi todos los demás era como los vecinos. Era su propia familia la que era diferente. Fue un momento memorable para Sam. Recuerda que pensó lo curiosa que era la chica de al lado y que si ella era oyente, qué curiosa era la gente OYENTE[5].

Los niños sordos de familias oyentes en general tardan más tiempo en llegar a la conclusión de que son diferentes de muchas, si no de la mayoría, de las personas que conocen. A través de sus entrevistas, Paul—uno de los autores de este libro—descubrió que vienen a tomar consciencia de ello, entre los cuatro y los diez años de edad.

Por supuesto, cuanto más tarde ocurra este descubrimiento, más difícil será el adaptarse a esta nueva y sorprendente visión del mundo. Nuestro consejo para los padres es que discutan con sus hijos lo que es ser sordo y lo que es ser "diferente" tan cerca de los cuatro años de edad como sea posible (antes de esa edad el concepto de modos alternativos de comunicación puede ser demasiado avanzado para el nivel de entendimiento del niño). Por supuesto, esto supone una capacidad de comunicación que usted y su niño puede que todavía no hayan adquirido, pero le instamos a que utilice todos los medios que le sean posibles— el habla, el uso de señas, la lectura de labios, los gestos, las expresiones faciales, los dibujos, *cualquier cosa*—para abordar este tema y transmitirle al niño que, sí, que él o ella recibe y expresa la información de manera diferente a la mayoría de la gente, pero que esa diferencia es en sí normal.

Es más fácil decirlo que hacerlo. Sin lugar a dudas, usted tendrá que tener claros sus propios sentimientos acerca de tener un hijo sordo. Un paso hacia la resolución de cualquier ambivalencia que pueda sentir es asegurarse de no estar equiparando al niño con el hecho de que es sordo. Como sugerimos al principio de este capítulo, su hijo no es sólo una "persona sorda". Es un ser humano completo con una identidad y personalidad que son diferenciables de la sordera en sí. La sordera es tan impersonal como el pelo castaño y los ojos azules. Sin embargo, lo primero en lo que piensan muchos padres cuando piensan en su hijo es en la sordera, como si esa sola cualidad definiese a la totalidad del individuo. Al principio, a usted le puede parecer sólo un juego de palabras el que insistamos en esto, pero esfuércese por liberarse de la frase "tengo un hijo sordo" o "tengo una hija sorda", y practique el uso de la frase: "mi hijo o hija, quien es sordo".

Linda

La historia de Linda demuestra los efectos de la confusión de los padres sobre este tema. El padre de Linda es médico y tiene un conocimiento profesional de la sordera de Linda. Sin embargo, él siempre ha tratado a Linda de forma diferente a sus otros hijos. Cuando los niños estaban creciendo, gastaba dinero pródigamente en Linda mientras que a los demás les daba más tiempo. A pesar de sus conocimientos médicos, estaba claro para todos que él la veía como una discapacitada.

Ahora, ya de adulta, a Linda le gusta que le presten atención y la espera en todo momento. Su autoestima es muy baja y nunca se siente segura en sus relaciones sociales. Ella es como cualquier niño mimado, oyente o sordo. Tiene mal genio, es desconsiderada y egoísta. Al mismo tiempo se siente insegura acerca de los verdaderos sentimientos de los demás hacia ella. Ella cree que su padre siempre ha visto en ella solamente a una persona sorda. Tanto si el padre de Linda realmente la identifica con su discapacidad o simplemente aparenta que así es, el efecto es el mismo. La causa real del daño es la incapacidad de su padre de transmitirle afecto y respeto a Linda como persona, independientemente de su sordera.

Otra solución concreta a la cuestión de "ser diferente" es normalizar lo que significa el ser sordo. Su hijo puede ser la única persona sorda de su familia, pero eso no significa que él o ella tenga que ser la única en su círculo social. Hacer un esfuerzo para conocer a adultos sordos, así como a otros niños sordos, ampliará los horizontes y la comprensión de todos los miembros de su familia. Poco a poco, con la experiencia, su inclinación a ver al sordo como alguien diferente puede que desaparezca por completo.

El traer adultos sordos a su mundo ayuda también a lograr otro propósito. Les ayudará a usted y a su hijo a entender su futuro. Muchas personas sordas que conocemos nos han hablado de las nociones tan erróneas que tenían cuando eran niños. Por ejemplo, que los adultos no podían ser sordos y que ellos mismos se convertirían en adultos oyentes cuando crecieran, o que los adultos no pueden ser sordos ya que todos los niños sordos mueren antes de llegar a ser adultos. Estas ideas pueden parecer absurdas, pero, si se detiene a pensar en ello, pueden ser una consecuencia lógica de enviar a un niño a una escuela para estudiantes sordos atendida principalmente o exclusivamente por adultos oyentes. Entre los años 1890 y 1970, las escuelas para niños sordos evitaban la contratación de profesores sordos, por lo que no era raro que los niños sordos no tuvieran contacto alguno con adultos sordos. Estos estudiantes tenían dificultades para interpretar el mundo en base a lo que percibían, por lo que es natural que llegaran a la conclusión de que los niños sordos se convertían en adultos oyentes o morían a temprana edad.

"El ser diferente" es un concepto bien conocido para los hispanos/latinos. Dos de cada tres hispanos/latinos que viven en los Estados Unidos dicen que se sienten diferentes de otros estadounidenses. Además, tienen diferencias de opinión acerca de cuánto comparten entre ellos y cuánto comparten con otros estadounidenses. Muchos estadounidenses no saben que hay muchos grupos culturales diferentes, tales como los de las islas del Caribe, de América Central y de América del Sur, que encajan dentro de la denominación de hispano/latino. Muchos expresan su orgullo de ser diferentes, particularmente en lo que se refiere a su idioma. Sienten una fuerte conexión con el idioma español. Más del ochenta por ciento de los adultos hispanos/latinos dice que habla español, y casi todos (el 95 por ciento) están de acuerdo en que es importante que las generaciones futuras lo sigan hablando[6].

El tema del idioma es un elemento clave cuando se habla de los padres o cuidadores hispanos/latinos. El resultado de una encuesta reveló que el 38 por ciento de los que respondieron hablaban principalmente el español, el 38 por ciento eran bilingües y el 24 por ciento hablaban principalmente el inglés. Entre los hispanos/latinos nacidos en los Estados Unidos (EE.UU.) más de la mitad (el 51 por ciento) hablaban principalmente el inglés[7]. Usted se estará preguntando qué idioma debe enseñarle a su hijo: ¿inglés, español, ASL o LSM? ¿Debe enseñárselos todos? ¿Qué idioma debe hablar su familia en la casa? ¿Será esto confuso para su hijo? ¿Cómo va a poder mantener su cultura y su el patrimonio del idioma español y al mismo tiempo poder darle a su hijo las herramientas necesarias que una persona sorda que vive en los Estados Unidos necesita para tener éxito en la vida? Bueno, las respuestas a estas preguntas dependen de cada uno y sólo usted puede decidir qué es lo mejor para su hijo. Sin embargo, según nuestra experiencia, sea cual sea el idioma que usted hable en su casa, su hijo sordo se beneficiará más de una educación bilingüe que incluya el conocimiento del lenguaje de señas.

Algunos estudios han demostrado los beneficios de la educación bilingüe; sin embargo, muy pocos han explorado las implicaciones de la educación trilingüe o multilingüe. Sabemos que los beneficios de la educación bilingüe antes de la edad de los cinco años están documentados. Esto incluye un aumento de la densidad de la materia gris en el cerebro, lo que se ha asociado con una mayor inteligencia y capacidad de comunicación. Otros beneficios incluyen el retraso de la demencia, el aumento del autocontrol y una mejor aptitud para la lectura.

Por otro lado, algunos investigadores señalaron anteriormente que hay problemas que se asocian con la adquisición de una segunda y tercera lengua en los niños sordos y con dificultades auditivas, que incluyen una mayor dificultad para distinguir los estímulos auditivos y para leer los labios. Además, los niños que crecen en un entorno de tres idiomas tienen que poder procesar distintos códigos con gran rapidez[8]. Estas supuestas consecuencias negativas de estar expuesto a múltiples idiomas han sido ampliamente refutadas. Se sabe que el trilingüismo no va a confundir a un niño sordo o con dificultades auditivas[9]. También sabemos que el conocimiento de dos o tres idiomas puede aumentar la autoestima de los niños y su rendimiento en la escuela y dejarlos mejor equipados para competir en el mercado laboral. Una madre puertorriqueña declaró que quería que su hijo de seis años de edad fuera trilingüe cuando fuera adulto, para que así pudiera relacionarse con su familia en español, conseguir un buen trabajo y recibir un buen salario por saber tres idiomas[10].

Para satisfacer las crecientes necesidades de las personas sordas o con problemas de audición en la comunidad hispana/latina se han aplicado varios modelos de bilingüismo. En base a estos modelos, los niños reciben instrucción en su idioma primario y aprenden a utilizar el segundo idioma. La situación más común entre los niños sordos hispanos/latinos es que su primer idioma no sea el español, sino más bien una combinación del español hablado, el inglés hablado, las señas caseras o el ASL. Los niños sordos hispanos/latinos y los niños con problemas de audición pueden estar expuestos a múltiples idiomas simultáneamente, tales como el español, el lenguaje de señas de su país de origen, el inglés y el ASL[11].

Abogamos, sin duda alguna, por el uso de ASL con su hijo sordo, porque es una lengua visualmente accesible para él o para ella. Los padres y los familiares pueden aprender ASL y al mismo tiempo conservar el uso del español en sus casas. Sabemos que hay quienes piensan que enseñarle el ASL al niño como idioma principal puede dar lugar a que después no sea capaz de comunicarse con la sociedad en general. Sin embargo, el ASL se utiliza en la mayor parte de América del Norte, incluyendo a Canadá, al igual que en algunos otros países. Aprender ASL cuenta para los requisitos de idioma extranjero en muchas escuelas secundarias y universidades americanas. También es cierto que hay pocos intérpretes de ASL trilingües en los Estados Unidos que también hablen español. Además los recursos para la educación en tres idiomas son limitados. Estos factores pueden influir en su decisión sobre qué idioma(s) usar con su hijo[12].

Los intérpretes competentes en ASL y español deben entender claramente las peculiaridades de la lengua española, tales como el uso del "usted" y el "tú". El "usted" se utiliza para comunicarse en contextos formales y con figuras de autoridad, como maestros y personas de edad. El "tú" es informal y sólo se utiliza con los amigos, familiares y conocidos cercanos. Además, otros pronombres como el "vos" y el "vosotros" también pueden utilizarse para dirigirse a otros. Este requisito específico del idioma puede ser muy difícil de incluir en el proceso de interpretación. Sin embargo, a pesar de las posibles dificultades que describimos, queremos reiterar que lo más importante que usted como padre oyente de un niño sordo puede hacer, es *comunicarse con su hijo sordo,* usando la forma de comunicación que usted elija, para que él o ella pueda adquirir un idioma—e incluso dos o tres.

Algo muy común entre las familias que tienen niños con alguna diferencia—no sólo la sordera, sino cualquier característica que se salga de la norma—es que le dan mucha importancia a que sean como los demás y encajen en el entorno. Este es el caso de un niño con sordera profunda llamado Peter cuyos padres eran muy fríos con él si no se comportaba como un niño "normal". Lo enviaron a un programa de logopedia (lenguaje hablado), donde recibió entrenamiento en el habla y en la lectura labial. Los padres deseaban tanto que tuviese éxito que inconscientemente le dosificaron su amor, convirtiéndolo en algo condicional, en una recompensa por usar bien el lenguaje hablado. En general, los padres que les limitan su afecto a sus hijos lo hacen sin darse cuenta, y este complicado sistema de recompensa y castigo se desarrolla de manera inconsciente. Sin embargo, esto no le pasa desapercibido al niño.

El primer requisito para el éxito en el aprendizaje es que exista una base familiar fuerte de la que partir, una base que le proporcione al niño la seguridad de sentirse apreciado y muy querido. Esto no quiere decir que los niños que se sienten inseguros acerca del amor de sus padres hacia ellos no vayan a alcanzar sus objetivos de aprendizaje, sino que esto puede traerles problemas en el futuro—como le puede suceder a cualquier persona que se sienta insegura sobre su valía como individuo.

El hogar en oposición al mundo exterior

No hay forma de evitarlo: a su hijo no va a resultarle fácil el dejar el entorno protector de su familia para entrar en la sociedad. Aun así, si se retrae y se aísla, esta experiencia puede resultarle incluso más dolorosa a largo plazo. Aquí es donde su papel de embajador del mundo exterior recupera su importancia. Sin su ayuda explícita, su hijo, como la mayoría de los niños sordos, va a tener dificultades en comprender temas sociales y culturales como los siguientes:

- los sentimientos de otras personas,
- los papeles que otras personas juegan en la sociedad,
- las razones por las que las personas hacen lo que hacen,
- las consecuencias del comportamiento,
- el significado e importancia de un acontecimiento social— una fiesta de cumpleaños, una boda, el primer día en la escuela, una graduación, y
- las reglas y las expectativas culturales que permiten que la vida en sociedad funcione, como por ejemplo: detenerse ante un semáforo en rojo; llegar a tiempo; dejar propina en el restaurante; ponerse en fila para entrar al cine; escuchar cortésmente cuando alguien nos habla; no interrumpir, etc.

La responsabilidad de enseñar lo que está bien y lo que está mal va obviamente más allá de la simple cortesía. En gran parte, los valores de la moralidad se aprenden dentro de la familia, tanto si el niño interpreta o no correctamente las creencias de sus padres. La historia de María demuestra la importancia que tiene el explicarles a los niños de forma exhaustiva los conceptos abstractos que se relacionan con la vida diaria—sin asumir nada y siendo muy explícito.

María

María, quien es sorda de nacimiento, creció en una familia católica muy estricta que seguía el código de valores católicos al pie de la letra. La mamá de María le impuso su fe a María desde que nació pero nunca le explicó nada sobre el catolicismo, sobre el significado de los ritos ni sobre la relación entre la religión y la manera de vivir de la familia. María se confesaba e iba a la iglesia cada domingo.

María nunca supo lo que se decía en la iglesia ni la relación que esas palabras tenían con su vida y con su comportamiento. Ella simplemente cumplía con todo lo que se le decía porque sabía que la castigarían si no lo hacía. A medida que fue creciendo, empezó a detestar todo lo relacionado con el catolicismo porque le parecía que era simplemente un sistema de castigos arbitrarios. Ahora, a sus treinta años,

María cree que habría apreciado la iglesia como un recurso moral y de apoyo espiritual si hubiese sabido que le podía proporcionar estas cosas. Ella no entendió el significado del catolicismo hasta que fue a la universidad y empezó a leer sobre el tema.

Sin no existe una buena comunicación con los padres, los temas del espíritu y de la conciencia les resultarán confusos a los niños. Los padres deben ser muy explícitos a la hora de comunicar conocimientos religiosos o éticos, especialmente a los niños sordos. Los niños sordos a menudo se encuentran sumergidos dentro de un sistema de valores que ni siquiera entienden.

Fomentando la independencia

La razón por la que se les enseña a los niños a comportarse y se les da una base emocional firme es para capacitarlos a que tarde o temprano abandonen el refugio familiar y puedan desenvolverse de forma independiente y productiva. Un primer paso que los padres pueden dar para fomentar la independencia en sus hijos es buscar algún tipo de cuidado infantil. Cuando lo haga, trate de encontrar un(a) niñero(a) o director de actividades que se encargue de reemplazarlo a usted como embajador del mundo.

> Viola y Joseph, quienes tienen cuatro hijos, adoptaron una magnífica solución. Antonia, su hija de once años, era sorda; el resto de sus hijos eran oyentes. Viola y Joseph pusieron un anuncio en una universidad local buscando a un estudiante que estuviera preparándose para ser maestro y contrataron a una estudiante oyente de niñera a cambio de darle hospedaje y comida. Ella no solo aprendió a usar el método oral complementado con Antonia, sino que también se convirtió en un excelente ejemplo para todos*.

---

*El método oral complementado ("Cued Speech" en inglés) es un suplemento visual y de gestos de la lectura labial y no debe confundirse con el lenguaje de señas.

El tener a esta joven en la casa fue una revelación para toda la familia y, siguiendo su ejemplo, dos de los hermanos oyentes aprendieron a usar el método oral complementado. A todos les resultó más fácil comunicarse con Antonia, y al mismo tiempo, la comunicación en el entorno familiar se le hizo accesible a Antonia también.

Los padres tienden a tener sentimientos encontrados acerca del proceso de inculcarles el sentido de la independencia a sus hijos sordos. La clave es distinguir entre cercanía y dependencia. Usted puede ser cercano y servicial sin dar lugar a que su hijo continúe dependiendo de usted para todo. Usted puede ser cariñoso sin ser excesivamente protector. Usted puede permitirle a su hijo hacer cosas y enseñarle cómo hacerlas sin hacerlas por él. A medida que el niño crezca, una forma de expresarle su amor es dejarle que cometa errores. Sin esta oportunidad, el aprendizaje no es posible.

Para fomentar la independencia hay que conocer los recursos que su hijo sordo tiene a su disposición. Las familias hispanas/latinas a veces provienen de países en los que no hay muchos recursos para las personas sordas o con dificultades auditivas. Algunos padres hispanos/latinos ven a los niños sordos como deficientes, porque las comunidades Sordas en los países en vía de industrialización carecen de influencia y las expectativas para las personas sordas son muy bajas. Aunque estos países deseen ofrecer una infraestructura que permita el desarrollo pleno de los niños con necesidades especiales, las escasas condiciones económicas y la competición entre prioridades pueden limitar los recursos sociales y educativos para los niños cuyas capacidades difieren de la norma. Este es un concepto importante, ya que algunos padres o personas al cargo de estos niños pueden no estar al tanto de los múltiples recursos que existen en los Estados Unidos para ampliar al máximo el potencial de los niños sordos o con dificultades auditivas13. Es muy importante que usted se eduque sobre los recursos que usted y sus hijos tienen a su disposición. Entre estos recursos se encuentran los maestros sordos o con limitaciones auditivas que pueden servirle como ejemplo y guía a sus hijos.

El caso de doña Irma y don Miguel que mencionamos en los capítulos anteriores, da testimonio de la importancia de informarse sobre los recursos disponibles y sobre la forma de utilizarlos. Sobre este tema, doña Irma dijo lo siguiente:

Cuando recibí el diagnóstico de mis hijos, no supe qué hacer. Me sentí muy sola y perdida. En una de las reuniones de la escuela, me encontré con un profesor que era sordo. Se sentó conmigo y me dio un libro titulado *The Silent Garden* [*El jardín silencioso*] para que lo leyera y me educara sobre el tema de los sordos. Yo pensé para mí, "Él es sordo, pero habla". Creía que las personas sordas no podían hablar, porque me dijeron que mi hijo mayor nunca hablaría. El profesor me dijo: "Mire, estoy usando un dispositivo para ayudarme; eso quiere decir que puedo entender lo que usted dice, pero por favor hábleme despacio". También me dijo que si quería que mi hijo fuese capaz de ser independiente y de tener un buen futuro, lo mejor que podía darle era el lenguaje visual. Me dijo: "Las personas sordas como yo se comunican con el lenguaje visual. En este edificio se imparten clases para padres. Cuando recoja a su hijo, usted puede empezar a asistir a su clase. Una vez que usted aprenda a comunicarse con su hijo, todo le resultará menos frustrante, porque a veces los niños sordos lloran y se enfadan porque no se les entiende". Me alegré mucho de lo que me dijo acerca del lenguaje de señas americano, ya que me dio la esperanza de que mis hijos podrían ser independientes y tener éxito algún día.

Un factor esencial para fomentar la independencia es la confianza de los padres en su hijo. Si no hay confianza, aun los padres que valoran la independencia pueden privar a sus hijos sordos del derecho de cometer sus propios errores.

Robert

Los padres de Robert, Rose y Michael, trabajan a tiempo completo. Ellos viven en un rancho y siempre le han dado mucha importancia a enseñarles a sus tres hijos a pensar por sí mismos. A la edad de seis años, Robert, que es sordo desde muy pequeño, quería ser veterinario.

Siguiendo la tradición de la vida ranchera, los padres le dieron a cada uno de sus tres hijos diez cabezas de ganado y un caballo, y esperaban que al cumplir los once años cada niño se hiciera responsable de cuidar a sus animales. A medida que Robert se hacía mayor, él empezó a notar que sus padres eran menos estrictos con él que con sus otros hijos. Castigaban a sus hermanos más duramente y a menudo encontraban excusas para el pobre Robert por ser sordo. "Oh, Robert no pudo oír la alarma del reloj". "Dejen que Robert disfrute de lo que está haciendo—hay tan pocas cosas de las que puede disfrutar. Yo sacaré a pasear a su caballo". Curiosamente, cuanto mayor se hacía Robert, más frecuentemente lo excusaban sus padres de sus errores, echándole la culpa a su sordera.

Cuando Robert cumplió los 16 años, sus padres le dejaban usar el auto cuando él quisiera, mientras que a sus hermanos les ponían unos límites muy estrictos. Rose y Michael pensaban que Robert necesitaba distraerse más con el auto porque él no podía oír música ni disfrutar de una conversación tan fácilmente como los otros. Esta actitud tolerante se extendía incluso a los estudios. Mientras que a los hermanos de Robert se les puso el límite de cuatro años para terminar sus carreras universitarias (los dos completaron sus estudios a tiempo y les fue bien), a Robert se le permitió que se demorara y tardó siete años en terminar sus estudios de pre-grado. Creció sin con poca auto-disciplina alguna y nunca consiguió su sueño de la infancia de convertirse en veterinario. Ahora, de adulto, Robert se queja del trato diferente que recibió y piensa que esto le imprimió un rasgo de auto-indulgencia en su personalidad. Tiene un trabajo estable y un sueldo decente pero cree que si le hubieran empujado más y le hubieran enseñado más auto-disciplina habría podido conseguir más.

Sin darse cuenta, los padres de Robert intentaban, sobre todo, proteger a su hijo del fracaso. A largo plazo, esto lo privó de la oportunidad de alcanzar el éxito. El mensaje que había en la actitud permisiva de los padres era: "Mira Robert, tal vez ni siquiera valga la pena que trates de ser auto-suficiente. Nunca lo vas a lograr. Permítenos tenderte una mano".

Los niños que son sordos tienen el potencial de vivir vidas plenas, variadas y productivas si logran perseguir las metas que han escogido. Los padres que son demasiado protectores y extremadamente permisivos pueden destruir fácilmente ese potencial e inculcar en sus hijos sordos la dependencia y el fracaso.

La importancia del juego

Este capítulo y el anterior han cubierto algunos temas bastante difíciles. Al llegar a este punto en su lectura, puede que usted encuentre las responsabilidades a las que se enfrenta un poco abrumadoras. Pero no hay que desesperarse ni que desanimarse. Criar a un hijo requiere esfuerzo en el sentido de que hay muchas metas que alcanzar. Con respecto a cómo hacerlo, ahí es donde el juego desempeña un papel importante.

Para los niños pre-escolares al igual que para los niños un poco más mayores, no hay distinción entre el juego y los deberes. Tanto los niños sordos como los oyentes construyen y cimientan su conocimiento del mundo a través de la fantasía, de su interacción con otros compañeros de juego, y a través de las historias. Ambos grupos aprenden a explorar libremente por sí mismos. Este tipo de juego tiene efectos positivos y muy importantes en el desarrollo cognitivo y social de su hijo. Los niños recuerdan una idea que han aprendido durante un juego por mucho más tiempo que una explicación aburrida o una demostración impuesta por motivos educativos.

En este caso lo que es bueno para los niños es también bueno para los adultos. Un juego, una historia, o incluso el poner la cocina hecha un desastre haciendo pastelitos con el niño puede aliviar el peso de sus responsabilidades más que un intento serio de enseñarle a su hijo a compartir sus juguetes. Jugar a colorear o a separar los botones en montoncitos le enseña al niño a distinguir los colores mucho más rápido que una lección después de la cena cuando ya todos están cansados. Hasta la frustración que genera la dificultad para comunicarse puede verse aliviada jugando a las charadas mímica después de que el niño cumpla los cinco o seis años de edad. Estas actividades incluyen a toda la familia y ayudan a compartir la responsabilidad de prestarle atención al niño. Con el tiempo, a medida que usted y su hijo sordo exploren y aprendan juntos, la distinción entre el juego y los deberes puede que también desaparezca para usted.

Notas

1. Centers for Disease Control and Prevention [Centros para el Control y la Prevención de Enfermedades], *Health of Hispanic or Latino Population* [*La salud de la población hispana o latina*] (Atlanta, GA: CDC, 2015). Disponible en línea en www.cdc.gov/nchs/fastats/hispanic-health.htm.

2. Jie Zong y Jeanne Batalova, *Frequently Requested Statistics on Immigrants and Immigration in the United States [Estadísticas frecuentemente solicitadas sobre los inmigrantes y la inmigración en los Estados Unidos].* (Washington, DC: Migration Policy Institute [Instituto de Política Migratoria], 2015). Disponible en línea en www.migrationpolicy.org/article/frequently-requested-statistics-immigrants-and- immigration-united-states.

3. Ibid.

4. Barbara Gerner de García, "Meeting the Needs of Hispanic/Latino Deaf Students", ["Satisfaciendo las necesidades de los estudiantes sordos hispanos/latinos"] in *Deaf Plus: A Multicultural Perspective,* [en *Sordos Plus: Una perspectiva multicultural*] ed. Kathee Christensen (San Diego: DawnSignPress, 2000): 149–61.

5. Carol Padden y Tom Humphries, *Deaf in America: Voices from a Culture [Los sordos en América: Voces de una cultura]* (Cambridge, MA: Harvard University Press [Casa Editorial de la Universidad de Harvard], 1988): 15–16.

6. Paul Taylor, Mark Hugo Lopez, Jessica Martínez, y Gabriel Velasco, *Hispanic Trends. When Labels Don't Fit: Hispanics and Their Views of Identity* [*Tendencias hispanas. Cuando las etiquetas no encajan: Los hispanos y sus perspectivas sobre la identidad*] (Washington, DC: Pew Research Center, 2012). Disponible en línea en www.pewhispanic.org/2012/04/04/when-labels-dont-fit-hispanics-and-their-views-of- identity/.

7. Bridget Bentz Sizer, *Surprising Advantages of Bilingual Education* [*Ventajas sorprendentes de la educación bilingüe*] (2011). Disponible

en línea en http://www.pewhispanic.org/2012/04/04/when-labels-dont-fit-hispanics-and-their-views-of-identity/.

8. Ibid.

9. Susan Antunez, *Language Development of Hispanic Deaf Children [Desarrollo del lenguaje en niños sordos hispanos]*, 1997. Disponible en línea en www.deafed.net/publisheddocs/sub/97c526.htm.

10. Barbara Gerner de García, "Meeting the Needs of Hispanic/Latino Deaf Students", ["Satisfaciendo las necesidades de los estudiantes sordos hispanos/latinos"] in *Deaf Plus: A Multicultural Perspective*, [en *Sordos Plus: Una perspectiva multicultural*] ed. Kathee Christensen (San Diego: Dawn Sign Press, 2000): 149–61.

11. Annie Steinberg, Lisa Bain, Yuelin Li, Gilbert Delgado, y Vivian Ruperto, "Decisions Hispanic Families Make After the Identification of Deafness", ["Decisiones que toman las familias después de la identificación de la sordera"] *Hispana Journal of Deaf Studies and Deaf Education* [Revista Científica Hispana de Estudios de la Sordera y de la Educación para Sordos], 8, no. 3 (2003): 291–314.

12. Mathew Call, "ASL/Spanish/English Trilingualism of Hispanic/Latino Deaf Children in the United States". ["Trilingualismo de ASL/español/inglés de los niños sordos hispanos/latinos en los Estados Unidos"]. Lifeprint.com (2006). Disponible en línea en www.lifeprint.com/asl101/topics/trilingualism.htm.

13. Barbara Gerner de García, "Meeting the Needs of Hispanic/Latino Deaf Students", ["Satisfaciendo las necesidades de los estudiantes sordos hispanos/latinos"]. *Deaf Plus: A Multicultural Perspective [Sordos Plus: Una Perspectiva Multicultural]*, ed. Kathee Christensen (San Diego, CA: Dawn Sign Press, 2000).

5 *Los hermanos de su hijo sordo*

COMENCEMOS ESTE CAPÍTULO con la historia de Rebecca, quien es sorda de nacimiento. Ella está casada con Ken, quien también es sordo. Rebecca goza de una vida maravillosa ahora que es adulta. Ella es alegre, feliz, activa y se mantiene muy ocupada con sus dos hijos, Matthew y Mark, quienes también son sordos. Cuando Rebecca y Ken recibieron la invitación a la boda del hermano mayor de Rebecca, Moses, a ella le entró una depresión. No había manera de evitar la boda. Sin embargo, ella y Ken sabían lo que les esperaba: esa sensación de abandono que había definido los primeros años de Rebecca en casa; una sensación que esperaba olvidar algún día.

Aún así, Rebecca pensó que la familia es la familia, y no estaba dispuesta a perderse un día tan importante en la vida de su hermano. Llegar a la boda requería un gran esfuerzo, porque Moses vivía en la ciudad natal de la familia, a 800 millas de distancia. En la primera fiesta, una reunión grande de las familias del novio y de la novia, se confirmaron todas las peores premoniciones de Rebecca. Moses les dio la bienvenida a Rebecca, a Ken y a los chicos, pero luego volvió a incorporarse a la fiesta sin presentárselos a nadie. Esto no le sorprendió, ya que Moses siempre había llevado la sordera de Rebecca haciendo caso omiso de su condición—lo que también significaba el ignorar a Rebecca. Más tarde, esta costumbre de no incluirla se extendió a su esposo y también a sus hijos. Aaron, el hermano menor de Rebecca, los rescató de su aislamiento en la fiesta, ya que se habían quedado plantados, sonriendo incómodamente como dos adornos en una fiesta escolar. Arrastrando a Rebecca de la mano, hizo el esfuerzo de presentarles a Rebecca y a su familia a todos los asistentes a la fiesta—pero en un tono triste y negativo, explicando con una expresión casi trágica que su hermana, su esposo y sus dos hijos eran sordos. "Estas personas no oyen nada", les decía él a los invitados. "Ustedes tienen que mirarlos cuando les hablen. Ellos pueden hablar por señas, pero yo no sé el lenguaje de señas. Nosotros siempre nos las arreglamos como podemos". Para gran disgusto de Rebecca, Aaron estaba haciendo lo que siempre hacía: presentar a Rebecca y a su familia como a unos pobres y tristes sordos. Ella sabía que tanto Moses como Aaron temían que tarde o temprano ella y Ken tuvieran que depender de ellos. Todo esto se reflejaba en la cara de Aaron, mientras arrastraba a Rebecca de invitado en invitado en la fiesta de la boda.

Los padres de Rebecca habían muerto unos años antes. Para ellos también, la sordera de Rebecca había sido una vergüenza a la que nunca se habían enfrentado de una manera directa. Dejaron que los hermanos de Rebecca llevaran la situación como mejor pudieran, sin explicarles lo que su hermana sorda necesitaba, y nunca parecieron darse cuenta de que la sordera de Rebecca afectaba a toda la familia. Tan pronto como se le diagnosticó la sordera, los padres la inscribieron en una escuela privada—y desde ese momento le adjudicaron su educación y crianza al personal de la escuela. Era una regla tácita que cuando Rebecca estaba en casa, los hermanos la acompañaran y la cuidaran. Moses y Aaron crecieron sabiendo que eran responsables de su hermana y sintiendo que dicha responsabilidad les echaba un gran peso a los hombros. Anhelaban el momento en el que ya no tendrían que preocuparse más por ella. También pensaban que Rebecca era mas vulnerable y por lo tanto más especial e importante que ellos. Aunque a menudo se sentían culpables, el resentimiento era la emoción más fuerte que Rebecca inspiraba en sus hermanos. Y este resentimiento persistió incluso después de la muerte de sus padres.

Como suele ocurrir, aunque Moses y Aaron habían atendido a todos los detalles de la fiesta de bodas y se habían comunicado estrechamente con la familia de la novia sobre el servicio religioso de la boda, se habían olvidado de contratar a un intérprete profesional de lenguaje de señas. Este fue un descuido grave, ya que este tema había surgido años atrás, en el funeral de su padre, cuando Rebecca había insistido en que se contratara a un intérprete para el funeral. Moses explotó: "Tú has recibido una muy buena educación y eso significa que puedes desenvolverte bien entre la gente oyente—como todo el mundo. ¿Por qué quieres parecer indefensa? ¿Por qué necesitas un intérprete…? ¿sólo para llamar la atención? Es importante que los amigos de nuestros padres vean lo bien que te desenvuelves cuando estás con gente oyente. Nuestros padres trabajaron mucho para darte la educación que recibiste y para que pudieras funcionar bien entre los oyentes. No quiero que la gente piense que ellos no se ocuparon de ti, Rebecca".

En ese momento, Ken, quien hablaba con claridad, intervino a favor de su esposa. Era cierto, explicó, que Rebecca podía leer los labios, pero sólo con la gente a la que conocía bien. En actos sociales grandes, ella, Ken y sus hijos necesitaban un intérprete para sentirse incluidos. Pero los hermanos no cedieron.

Para la boda, Ken y Rebecca terminaron contratando a su propio intérprete, igual que lo habían hecho para el funeral. Algunos años más tarde, Rebecca y Ken tuvieron la oportunidad de invitar a sus hermanos a la ceremonia religiosa judía bar mitzvah de uno de sus hijos. El servicio se llevaría cabo en el lenguaje de señas, porque la mayoría de los amigos de la familia eran sordos. Ahora Moses, Aaron y sus familias eran minoría. El fin de semana fue toda una revelación para los hermanos. Asistieron a una barbacoa bien concurrida y divertida en la casa de su hermana y les sorprendió la alegría que reinaba. Desde la infancia, ellos habían pensado que la sordera de su hermana era una tragedia que había arruinado su vida y que había amenazado con echar a perder la de ellos. Durante la barbacoa, ya que ninguno de los hermanos sabía el lenguaje de señas, se dieron cuenta de que ellos eran los que quedaban excluidos de las conversaciones animadas, excepto cuando alguien se acordaba de cambiar al inglés hablado y hacerles de intérprete. Incluso entonces no les resultaba fácil. En el ambiente animado de la fiesta les resultó difícil concentrarse y comprender a algunos de los interlocutores.

En el día del bar mitzvah, cuando Moses y Aaron salían hacia la sinagoga, Ken exclamó, guiñándole un ojo a su esposa: "¡Ay! Se me olvidó contratar a un intérprete. Ah, bueno. Ustedes no necesitan uno, ¿verdad?, podrán seguir la conversación".

"¡Qué!" exclamó Moses. "¿Quieres decir que el bar mitzvah va a ser en el lenguaje de señas? ¿Cómo vamos a entender *eso*?"

Ken y Rebecca se echaron a reír. "Sólo estábamos bromeando", dijo Ken. "Sólo estaba tomándote del pelo. Ya hemos contratado a alguien".

Rebecca le dió a sus hermanos un fuerte abrazo. Ella los había perdonado mucho tiempo antes de que esto sucediera, cuando se dio cuenta de que sus padres, aunque bien intencionados, simplemente les habían adjudicado a sus hermanos la responsabilidad de mantenerla segura sin transmitirles los conocimientos ni la sensibilidad necesarios para poder entenderla y convivir con ella. Rebecca también había perdonado sinceramente a sus padres, pero pasaría mucho tiempo, nos dijo a nosotros los autores, antes de que pudiera olvidar la soledad y el dolor que padeció con su familia.

La familia: Un mosaico viviente

La historia de Rebecca es realmente horrible y seguramente ninguno de nosotros quería que algo así ocurriera entre nuestros propios hijos. Lo bueno es que las investigaciones más recientes muestran que los hermanos de niños con discapacidades, incluyendo la sordera, experimentan emociones positivas y negativas que no son muy distintas de las emociones de los hermanos de niños que no tienen discapacidades. Algunos hermanos son más tolerantes, serviciales, atentos y responsables, y pueden servir como ejemplos a seguir. Sin embargo, es posible que otros hermanos

sientan temores, compensen en exceso o experimenten sentimientos de culpabilidad o de vergüenza por tener un hermano
con una discapacidad. El grado de adaptación de los hermanos
dependerá de la actitud que usted demuestre, de cómo usted
responda a la discapacidad, de la medida de su disponibilidad, y
del propio nivel de madurez y concienciación de los hermanos[1].

Si usted se centra solamente en el niño sordo y no en la familia
al completo, inevitablemente sacrificará algo en el desarrollo del
uno a expensas del desarrollo de la otra. Aunque nosotros nunca
conocimos a los padres de Rebecca, estamos bastante seguros
de que no se enfocaron en la familia en su totalidad. Para poder
ocuparse de la totalidad de la familia, y no de aspectos aislados,
los padren tendrían que haberle prestado una atención especial
a su propio bienestar psicológico y social, al igual que al de cada
uno de sus hijos. También tendrían que haber entendido mejor
las relaciones entre los cinco miembros de la familia. El entender
a la familia de esta manera, como si fuera una red de relaciones
en la que cada pieza afecta a las otras, parece algo muy difícil
pero sería lo ideal.

La vida familiar en general (dejando aparte las circunstancias
especiales que conlleva la sordera de uno o más de sus miembros) es ya una tarea difícil para los padres. Según la experiencia de los autores de este libro y la de otros profesionales en
este campo, los padres que se ven demasiado absorbidos por
la sordera de su hijo y por toda la atención que ésta requiere
tienden a descuidar su relación con los hijos oyentes y a dejarlos evolucionar por su propia cuenta. Nosotros le hemos
pedido que le ponga mucha atención a su propio bienestar
como padre. También le hemos instado a que tenga en cuenta
las necesidades especiales de comunicación de su hijo sordo
dentro del entorno familiar. Ahora le pedimos que les preste
atención a sus otros hijos, y que trate de ver y de experimentar
por un momento las relaciones familiares desde el punto de
vista de cada uno de sus miembros.

Mientras considera todo esto, trate de mantenerse neutral,
con la mente abierta y, por encima de todo, acepte las cosas

como son. Nuestro objetivo no es incitarlo a que vea sólo los puntos débiles. La idea es que vea a su familia como si fuera una especie de mosaico en el que cada una de las piezas compone y afecta el todo. Juntas, todas las piezas forman un diseño único y complejo, en el cual ninguna pieza es independiente de las otras. Sin embargo, el diseño del mosaico no viene determinado por los miembros de la familia solamente. También influyen otras personas, así como las circunstancias externas y la sociedad. Y por supuesto, el diseño cambia con el tiempo a medida que cada persona crece y madura.

El impacto de tener un miembro sordo en la familia

No es necesario recordarle que la presencia de un recién nacido en la familia cambia la dinámica entre todos sus miembros. De repente, por ejemplo, el niño de tres años ya no es el bebé, sino que ahora es "un niño grande" y recibe mucha menos atención de la que recibe el pequeño bultito que hay envuelto en la manta.

Algo parecido ocurre cuando a un niño se le diagnostica con sordera. De repente los hermanos oyentes notan que sus padres le están prestando mucha más atención, energía y tiempo al niño sordo. El hermano mayor se siente ignorado cuando su padre se pierde cuatro de sus partidos seguidos. La hermana mayor juega al baloncesto sin que haya ningún miembro de la familia en las gradas. De repente, los hermanos oyentes tienen que volver caminando a casa desde la escuela, mientras la mamá lleva al niño sordo a la clínica. Al llegar a casa se encuentran con que se tienen que hacer la merienda mientras su mamá le ayuda al niño sordo con la tarea, teniendo ellos que hacer sus propias tareas sin ayuda alguna mientras sus padres miran la televisión, exhaustos, después de llevar y traer al hermanito sordo de una cita a otra.

A los padres, éstos pueden parecerles pequeños ajustes, pero los niños los experimentan como alteraciones importantes en la única realidad que ellos conocen. Sin que usted se dé cuenta, sus hijos oyentes pueden llegar a interpretar estos cambios como señales de que ellos ya no son tan importantes para usted como lo eran antes. Es posible que esta interpretación errónea se vea confirmada por el hecho de que cada conversación a la hora de la cena consiste en un intercambio de ideas entre usted y su cónyuge sobre lo que se ha hecho, debe o puede hacerse para compensar por la sordera de su hermano.

Ciertamente, esta forma de percibir los cambios en su comportamiento puede ser exagerada, como frecuentemente ocurre con la forma en la que los niños perciben las cosas, pero también puede ser el caso, tal y como lo revelan los estudios con familias oyentes de niños sordos[2]. Después del diagnóstico, los padres están mucho más atentos hacia el niño sordo y más inclinados a dejar que sus otros hijos se desenvuelvan solos. También tienden a ser menos estrictos con el niño sordo y más protectores, e incluso más impacientes con los otros a medida que se les acaba la energía y se les agotan los recursos debido al esfuerzo de tener que adaptarse.

Consideremos el ejemplo de Lucy, la hermana mayor de un niño sordo. A la edad de nueve años, experimentó todos estos sentimientos y muchos más cuando su hermano de tres años fue diagnosticado con una limitación auditiva severa como resultado de una enfermedad breve. Como Lucy era una niña muy sensible y nerviosa, su forma de adaptarse fue convertirse en una segunda "mamá", cuidándolos a todos y muy especialmente a su hermanito menor. Empezó a tener pesadillas y a despertase asustada. Lo cierto es que Lucy era demasiado pequeña para asumir un papel maternal y demasiado joven para tener que preocuparse por el bienestar de toda la familia. Cuando sus padres sabiamente decidieron asistir a una terapia familiar, Lucy confesó que sentía que tenía que compensarles de alguna manera a sus padres por el hecho de haber tenido un hijo "no muy bueno". Esto les dio la oportunidad a los padres de asegurarle a Lucy que su hermano no era en modo alguno inferior debido a su sordera. Cuando averiguaron estos sentimientos, los padres se dieron cuenta de que era necesario buscar la manera de hacerla sentirse especial antes sus ojos—tan especial y tan merecedora de atención como su hermano menor.

En el caso de Rebecca, sus padres les transfirieron a sus hermanos la responsabilidad de cuidarla en el entorno social fuera del hogar, pero no les dieron ninguna pista de cómo hacerlo de una manera positiva. Para los padres, las "diferencias" de Rebecca la hacían inferior. De esta manera, los hermanos no solamente tuvieron que cargar con una pesada responsabilidad sino también con la idea errónea de que este peso era algo negativo— una situación altamente indeseable que ellos habían heredado de sus padres.

Aun cuando a los niños no se les hace sentir responsables de velar por su hermano sordo, es inevitable que se encuentren en situaciones en las que tienen que explicarles y aclararles las necesidades de las personas sordas a extraños que no lo entienden. No deje que sus hijos oyentes tengan que defenderse solos en tales situaciones. Anticipe las preguntas y enséñeles qué decir y cómo decirlo de manera que ellos se sientan a gusto en el papel de explicadores. Como recordatorio importante de cómo *no* debe dejar que ellos actúen, recuerde la explicación tan negativa y deprimente de Aaron, cuando decía: "estas personas no pueden oírte". Acláreles lo siguiente a sus hijos:

- La sordera de su hermano no es el fin del mundo—y tampoco es el final de la vida familiar que ellos conocen.
- No es el niño lo que ha cambiado desde el diagnóstico sino más bien su forma de entender quién es el niño y su experiencia con él, la cual seguirá evolucionando hacia un entendimiento más completo e integral.
- El ser sordo significa que el niño no puede oír. No significa que el niño no pueda pensar o comunicarse de otras formas, como alguna gente oyente cree.

Con esta base, usted puede empezar a enseñarles a sus hijos maneras específicas de compartir esta información con la gente, especialmente con los compañeros, fuera del entorno de la familia. Trate de anticipar de forma detallada las respuestas que pueden recibir en el mundo exterior. Aquí hay algunos ejemplos de las cosas que usted les puede decir a sus hijos:

> "Mucha gente tiene miedo de las diferencias. Incluso los adultos le tienen miedo a lo diferente. Al estar asustados, pueden aparecer tímidos o incluso enojados. Prepárate y no lo tomes como algo personal".

> "Mucha gente pensará que Tommy es demasiado joven para usar el lenguaje de señas. Explícales que sí puede usar señas y muéstrales una o dos. Diles que Tommy se sentirá más incluido si ellos le sonríen y lo miran directamente a los ojos".

> "Si alguien se burla de Tommy, no tienes que responder, a no ser que te sientas cómodo haciéndolo. Si la persona es un adulto o es mayor que tú, te entenderemos si no dices nada. Probablemente te sientas enojado y disgustado, así que lo mejor es irse. Por supuesto, si quieres responderle a un niño que le diga algo ofensivo a Tommy, usa las palabras, no los puños".

La regla de "ser explícito" se aplica a todos sus hijos. Cualquiera que sea su filosofía familiar, transmítasela a sus hijos oyentes claramente y de una manera que ellos la puedan aplicar. ¿Cree usted que el pedirle a los hermanos de su hijo sordo que le expliquen lo que es la sordera a otra gente es una responsabilidad demasiado grande para ellos? En nuestra opinión, no es el papel de explicador lo que es una carga para ellos, más bien es la falta de guía por parte de los padres lo que hace que la sordera de un hermano les resulte abrumadora a algunos niños. Recuerde el sufrimiento de toda una vida de Rebecca a manos de sus hermanos, quienes no eran malas personas, pero no habían recibido ayuda—ningún entrenamiento, ninguna explicación y ningún apoyo. Es esencial que los padres les ayuden a los hijos a encontrar una manera positiva de relacionarse con sus hermanos sordos y de abogar por ellos.

Cuando se llega a un límite

Los hermanos que acompañan a un niño sordo en el mundo más amplio de los otros niños suelen tener mucho que enseñarles a sus propios padres y a los profesionales acerca de la sordera. Pero todo tiene un límite. Las presiones pueden acumulárseles a estos buenos samaritanos y lo que los padres veían como un nivel sano de participación, puede en realidad llegar a ser una carga poco sana. Hay ciertas clases de presiones que los hermanos— aun si son adolescentes—no deberían sobrellevar solos. Trate de adoptar una actitud neutral, de observador, al considerar si sus hijos experimentan los siguientes sentimientos:

1. *Sentimiento de incapacidad de proteger al niño sordo del ridículo o de la impaciencia de los otros.* Pregúntele a su hijo oyente si el niño sordo está siendo maltratado, y si lo es así, intervenga y póngale término a la situación usted mismo.

2. *Miedo de que las necesidades especiales del niño sordo absorban todas las finanzas de la familia, forzando al niño oyente a hacer sacrificios muy grandes.* Si éste es un peligro, discútalo abiertamente.

3. *Sentimientos de aislamiento causados por dificultades en la vida social de la familia.* Puede que los padres no estén dispuestos a asistir a algunos actos públicos como los partidos de béisbol o a funciones escolares como "La noche del regreso a la escuela". Tal vez ellos estén cansados o les preocupe que la gente se burle del niño sordo. Puede que no quieran que los amigos de sus hermanos se queden a dormir en su casa porque consideran que el tener a un sordo en la familia es un aspecto negativo de la vida familiar que prefieren no tener que revelar ni explicar. No hace falta una varita mágica para darse cuenta de que la verdad y la franqueza son los antídotos para todo esto.

4. *Baja auto-estima.* Puede que los hermanos oyentes sufran de un sentimiento arraigado de que ellos no son especiales ni importantes— o por lo menos no tan especiales ni tan importantes como el niño sordo. Sin embargo, los niños pueden ser reconfortados fácilmente. El simple detalle de llamar atención a los talentos especiales que tengan o a sus contribuciones a la familia obrará maravillas en los niños que alberguen la sospecha secreta de que son menos especiales ante los ojos de sus padres.

5. *Confusión acerca de las necesidades de los hermanos sordos.* Muchas veces los niños quieren información, pero no saben cómo formular las preguntas. La cura para ello es fácil. Pregunte: "¿Hay algo de la sordera de Randy que tú no sepas? ¿Hay algo de ello que te moleste?"

6. *Presión adicional de tener éxito en la escuela.* Los niños oyentes a veces piensan que deben ser unos estudiantes excepcionales para compensar por las dificultades del niño sordo. Asegúreles: "Tú sabes que todas las personas son diferentes. Randy está tratando de aprender a entender a los niños oyentes; tú estás tratando de entender álgebra. Los dos van a encontrar la formar de cruzar la montaña, y adivina qué es lo que van a encontrar al otro lado. ¡Más montañas!"

7. *Resentimiento por tener que desempeñar el papel de intérprete.* El estar constantemente relegado al papel de intérprete puede ser una tarea tediosa y solitaria para el niño oyente. Es casi inevitable que, debido a la diferencia de edad y al hecho de que ellos están en constante comunicación, sus hijos oyentes aprenderán a hacer señas mucho más rápido que usted. Asegúrese de no depender mucho de su hijo oyente para que le haga de intérprete a su hijo sordo en el mundo exterior. El niño oyente podría empezar a sentirse como un simple intermediario y como si su participación en las conversaciones se limitara a la tarea de transmitir mensajes entre unos y otros.

El peligro fundamental es que al responsabilizarse del niño sordo, el niño oyente limite su desarrollo personal y su amor por la vida. Esto puede pasar en familias que tienen un hijo sordo y un hijo oyente. Sin embargo, los hermanos oyentes de niños sordos a menudo aprenden lecciones positivas de bondad, consideración y equidad a una edad temprana y muestran paciencia, más tolerancia hacia las diferencias, altruismo y creatividad en la comunicación. Frecuentemente se les describe como "muy maduros para su edad" y "más serios" que los otros niños[3]. Esté pendiente de las cualidades positivas de los hermanos, pero asegúrese de protegerlos y de evitar que se conviertan en pequeños adultos que llevan el peso del mundo sobre sus hombros.

Monitoreando el sistema familiar

Stephan Bank y Michael Kahn describen el lazo que existe entre los hermanos como una conexión compleja entre dos personas, que funciona a dos niveles: el íntimo y el público. La relación entre hermana y hermano, hermana y hermana, o hermano y hermano no es ni más ni menos que el mismo proceso a través del cual dos personas acoplan la identidad del uno a la del otro— dos personas quienes, al menos en su infancia, están en contacto constante mientras crecen y cambian. La naturaleza de este lazo puede variar mucho, dependiendo no sólo de las personalidades de los individuos sino de innumerables variables dentro de cada familia[4].

Dale Atkins, un psicólogo infantil, hizo una lista de los factores que determinan las relaciones entre hermanos en una familia: el tamaño de la familia, el orden de nacimiento, las diferencias de edad, el género de los hermanos, la situación económica de la familia, el estado marital de los padres y el nivel de armonía en su relación, las expectativas, los roles dentro de la familia, los temperamentos de cada uno y los atributos físicos, los valores familiares, la presencia de cuidadores familiares, la calidad del sistema de apoyo interno, la cantidad y la intensidad de los factores estresantes (los agudos y los crónicos), la medida en la que se expresan los sentimientos, la distribución de las responsabilidades entre los miembros de la familia, la eficiencia con la que se administra el tiempo, las similitudes y diferencias entre los hermanos, las rivalidades, los estilos de comunicación, el favoritismo real o percibido, las formas de educar a los hijos y el nivel de participación de todos los miembros de la familia[5]. Algunos de estos factores son obvios y otros operan a un nivel más inconsciente. El tamaño de la lista, la cual no pretende ser exhaustiva, sugiere lo complejo que es este sistema al que llamamos *familia*.

Cuando un niño sordo entra en la red dinámica y cambiante de las relaciones familiares, todo se altera— tal vez de una manera sutil, tal vez de una manera enorme. ¿Cómo cabría esperar que usted fuera capaz de controlar todos estos factores? Es como si una enorme ola apareciera de la nada y arrastrara cada una de las piedrecillas de la playa.

Es reconfortante saber que la investigación y la experiencia sugieren que el prestarle atención a ciertas áreas críticas de la vida familiar les proporciona a los padres un cierto control. Usted puede ejercer una influencia positiva en las relaciones entre hermanos en su familia si aplica estos dos principios en concreto.

1. *Comprométase a crear un ambiente que conduzca a la comunicación.* El lenguaje une a las personas; los muros del silencio las separan. Asegúrese de que su niño sordo adquiera el lenguaje de alguna forma, ya sea el de señas, el hablado o ambos. Aprenda esa forma de lenguaje usted mismo y enséñesela a sus hijos oyentes. Anime a cada miembro de su familia a comunicarse con los demás. Hable de la sordera abiertamente.

2. *Tenga cuidado de no cargarle responsabilidades injustas a sus hijos oyentes.* Preste atención a quejas como: "Yo tengo que llevarla a todas partes", "Siempre tengo que estar aquí e interpretar, hasta para mi papi", "En el colegio yo siempre tengo que explicar, incluso a los profesores, que no es estúpida y tengo que enseñarles a todos a comunicarse con ella". Los niños oyentes que están continuamente cumpliendo estas funciones necesitan que se les libere de ellas. Son demasiado jóvenes para ser los embajadores del niño sordo. Esa es la función *de usted*, al igual que lo es el asegurarse de no dejar de lado el crecimiento y el desarrollo de su hijo oyente.

La segunda edición de *El Jardín Silencioso* en inglés incluye una encuesta informal hecha a padres y a profesionales acerca de cuál es la "regla de oro" de la vida familiar que les gustaría transmitirles a los lectores; especialmente a aquellos que tienen niños sordos y con limitaciones auditivas. Aquí hay una lista de sus respuestas[†]:

• Lo primero y ante todo es el reconocer, valorar y apreciar la individualidad de cada hijo.

[†]Gracias a Lita D. Aldridge, Dale V. Atkins, Lisa Binswager-Friedman, Marilyn Cassidy, Linda Daniel, Mary Elsie Daisey, Mal Grossinger, Irene Leigh, y Ginny Malzhkuhn.

- Como regla general, haga esfuerzos por pasar tiempo con sus hijos oyentes.
- Esté alerta a los síntomas de estrés, no solo en su hijo sordo sino también en sus hermanos oyentes.
- Alabe los esfuerzos y los éxitos de los hermanos oyentes.
- No espere que los hermanos sean unos santos—recuerde que las presiones añadidas les afectan a todos, no sólo a usted.
- Tome medidas activas para darle oportunidades a los hermanos de expresar sus sentimientos. No espere a que sus hijos tengan que expresar los resentimientos que puedan estar experimentando. Es posible que ellos oculten sus sentimientos por culpabilidad o en un intento de protegerlo a usted. Encuentre una forma de motivarlos a que le digan la verdad (por ejemplo, "Ya sé que querías no tener que explicarle la sordera de Betsy a todo el mundo—yo me siento igual. ¿No es verdad?")
- Enséñeles a los hermanos a expresar su enfado y su frustración sin usar la pelea física ni el abuso verbal. Si sus estrategias no funcionan, considere buscar ayuda profesional.
- Admita que usted no tiene todas las respuestas y que lo más que puede prometer es que estará atento a los cambios y a los problemas que haya que solucionar.
- Proporcióneles a sus hijos oyentes libros, películas y videos acerca de la gente sorda. Es posible que ellos tengan preguntas que no quieren formular o ideas erróneas que usted no conoce.
- Con el ejemplo (dando ejemplo con su propio comportamiento), enséñeles a los hermanos a sentirse orgullosos de las diferencias del niño sordo en vez de verlas como un problema.
- Asegúreles a todos sus hijos lo importantes que son dentro de la familia pidiéndoles su opinión y su consejo en las discusiones familiares.
- Insístales a los miembros de su familia extendida que no muestren ningún favoritismo por su hijo sordo.
- Evite hacer comparaciones entre los hermanos.
- Asegúrese de no tolerarle un comportamiento a su hijo sordo que no le toleraría a sus hijos oyentes.

- Reconozca y reafirme las interacciones positivas que observe entre los hermanos (por ejemplo, "Me gusta mucho la forma en que tú y Eddy se ríen de los dibujos animados". "Tú en seguida te das cuenta de si Eddy se siente aislado. Yo te lo agradezco y sé que él también").
- Si hay que tomar decisiones a favor del niño sordo, que no les gusten a los hermanos oyentes, discútalas con ellos ampliamente y con tiempo. De esta manera, aun si los niños se sienten resentidos, al menos no se sentirán también ignorados.
- Permita que los hermanos observen y participen en actividades diseñadas con el fin de ayudar al niño sordo.
- Para equilibrar la balanza, dele la oportunidad al niño sordo de ayudar a sus hermanos oyentes.
- Participe tanto como le sea posible en las actividades escolares de todos sus hijos. Tanto si su hijo sordo asiste a una escuela especial como si va a una escuela de integración, usted encontrará muchísimas oportunidades de contribuir y participar en su educación. Sea justo con sus otros hijos y consigo mismo. Tenga claras sus prioridades y haga lo que pueda por cada uno de ellos.
- Dedíqueles tiempo a cada uno de sus hijos por separado. De otra manera, usted corre el riesgo de hablar a solas únicamente con su hijo sordo (tal vez durante sus actividades especiales o de camino a las citas) y relacionarse con sus otros hijos únicamente en grupo.
- Haga tiempo de tanto en tanto, a medida que sus hijos vayan haciéndose mayores, para ponerlos al día y educarlos acerca de las necesidades de sus hermanos sordos.
- Comparta sus preocupaciones acerca del niño sordo con sus otros hijos— como amigos y compañeros de equipo.
- Represente el papel de ellos o sugiérales respuestas para situaciones difíciles en las que los hermanos oyentes se puedan encontrar. "Si la gente pregunta qué es lo que le sucede a tu hermano, ésta es una buena manera de contestar: 'Es sordo, por lo que recibe la información a través de los ojos en vez de los oídos. Si te aseguras de que pueda verte bien, te asombrarás de lo bien que él te entiende. Yo puedo incluso enseñarte algunas señas".

- Juegue y mire la televisión como si fuera uno más de ellos, no adopte siempre un papel autoritario o de facilitador.
- Invite a los amigos de sus hijos oyentes a su casa a pasar un buen rato con su familia, para que así conozcan al niño sordo como individuo. Sus hijos tal vez no le digan que se sienten incómodos de traer a sus amigos a casa; puede que necesiten que sea usted el que rompa el hielo.
- Lo importante es que: *tanto en su familia como con otra gente, sea abierto y honesto acerca de las necesidades de comunicación de su hijo.*

La familia Gibbs

Es una larga lista de recomendaciones, tal vez una lista abrumadora. Para demostrarle que todos estos consejos pueden incorporarse en una sola y factible estrategia que fomentará el crecimiento y el flujo de la comunicación, permítanos presentarles a la familia Gibbs.

Los Gibbs

Los Gibbs son muy buenos conversadores. Cuando su segunda hija, Meagan, nació con una pérdida auditiva severa, esta noticia les dió un gran golpe. Los padres le habían hablado a su hija mayor, Mandy, desde el día en que nació, indicándole el nombre de las cosas, dándole explicaciones y disfrutando de la oportunidad de compartir el mundo con ella. ¿Cómo, se preguntaban, podrían darle a Megan la misma oportunidad de aprender y comunicarse?

Los Gibbs decidieron, casi inmediatamente, que iban a aprender SEE (*Signing Exact English*: sistema de comunicación por señas que sigue la estructura gramatical del inglés), y también animaron a todos los miembros de su familia extendida a aprenderlo. Inscribieron a Mandy en clases de lenguaje de señas, incluyéndola desde el principio en la toma de decisiones y explicándole cada tema que surgía en las conversaciones familiares.

Para cuando Mandy empezó el primer grado escolar, ya estaba bien entrenada para poder responderles con explicaciones apropiadas para su edad a los niños y a los profesores que le preguntaban acerca de la pérdida auditiva de Meagan. Los padres conseguían todos los cuentos que podían que incluían personajes sordos. Uno de sus amigos adultos sordos, a quien habían conocido en un grupo de apoyo para padres de hijos sordos, era bibliotecario. ¡Perfecto!, pensaron los Gibbs, a quienes empezó facilitárseles el conectarse con otra gente a medida que aprendían la importancia del apoyo comunitario.

Un año después del nacimiento de Meagan, nació una tercera hija, Miriam. Los Gibbs se impusieron como prioridad el asegurarle a Meagan que, aunque ella era diferente y estaba en minoría entre sus dos hermanas oyentes, era tan interesante y valiosa como las otras niñas. Las hermanas oyentes estaban de acuerdo. Las dos aprendieron las señas muy bien y, gracias al empeño temprano de sus padres por enseñarle a leer a Meagan, se convirtieron en unas ávidas lectoras.

A Meagan nunca se la apartó. Los padres vieron sus necesidades especiales como algo enriquecedor para la familia, no como una discapacidad. Ellos animaban a las tres hijas a que miraran la televisión, algunas veces, con el sonido apagado para que experimentaran la forma en que Meagan veía el mundo y buscaba pistas para entender su significado. Mirar la televisión o una película juntos (con el sonido *puesto* y con subtítulos para Meagan) se convirtió en un rito importante para los Gibbs. Al mismo tiempo, no obstante, los padres se aseguraron de que cada una de sus hijas se sintiera especial y que cada una de ellas tuviera sus propios juguetes, amigos y actividades y que pasara tiempo con ellos. Ellos mantuvieron su casa abierta a todos los amigos de las hijas, confiando en sus hijas oyentes para explicar las necesidades de comunicación de Meagan. Como resultado, en la familia inmediata y extendida de los Gibbs y en su animado círculo social, la sordera ocupaba el lugar que debía ocupar.

Las tres hijas y muchos de sus amigos aprendieron a hacer señas con fluidez. Aunque algunos de los miembros de la familia extendida se inscribieron al principio en un curso de señas, lo dejaron después de un tiempo, como suele ocurrir. El señor Gibbs también faltó muchas veces a clase y nunca encontró el tiempo suficiente para practicarlo y adquirir fluidez, pero él se las ha arreglado para comunicarse bien dentro de la familia haciendo señas y hablando simultáneamente. La señora Gibbs, por el contrario, adquirió tanta fluidez que ahora es intérprete de tiempo completo para el distrito escolar local. "La sordera de Meagan me dio una nueva carrera", dice ella. "Lejos de ser algo negativo, el que un miembro de nuestra familia sea sordo le ha aportado elementos a nuestra familia que nunca hubiésemos podido conocer".

Los Gibbs tienen problemas y sobresaltos como cualquier otra familia, pero la sordera casi nunca constituye un problema en su casa—ciertamente no les entorpece. Ellos son todavía una familia de ávidos comunicadores y ahora pueden comunicarse en inglés y en el lenguaje de señas.

Las recomendaciones anteriores podrían extenderse a cuando los padres hispanos/latinos hablen de ciertos importantes aspectos culturales con sus hijos sordos. Además de ser sordos, los estudiantes sordos que son hispanos/latinos presentan diferencias culturales y lingüísticas, lo que puede complicar la difícil tarea de la adquisición de lenguaje[6].

Las normas de comportamiento y la cortesía son muy relevantes para los hispanos/latinos en el proceso de comunicación. Hay que enseñarles estos elementos a los niños sordos de forma explícita, ya que es poco probable que los aprendan simplemente escuchando a su familia como lo hacen los niños oyentes. Los rasgos culturales como la simpatía, el personalismo, el respeto y la modestia deben estar presentes. Esto es muy importante, sobre todo cuando hablen con personas que son inmigrantes de primera generación (los que nacieron fuera de los Estados Unidos). El abstenerse de utilizar el primer nombre (por ejemplo, Miguel o Lucía) y en lugar de ello, usar el apellido (por ejemplo, el señor Pérez o la señora Pérez), o el añadir señor o señora al primer nombre (por ejemplo, señora Lucía y señor Miguel), así como el uso de las palabras *doña* (para las mujeres) y *don* (para los varones) en situaciones formales, son muy importantes para mostrar respeto y amabilidad.

Otros elementos culturales que se deben tener en cuenta, son el concepto del machismo y el del marianismo. El *machismo* se refiere a la autoridad y a la fuerza que un hombre debe tener para poder proteger y mantener a su familia. El *marianismo* se refiere al valor de la mujer en la cultura hispana. Esta palabra se asocia con *María* (la Virgen María) y con los valores que ella representa, tales como la dulzura, el auto-sacrificio, la fidelidad y la religiosidad. Los roles de género tradicionales en la cultura hispana/latina son muy importantes. Se espera que los varones proporcionen los recursos económicos para procurar el bienestar de la familia y que las mujeres manejen la casa y críen a los niños. La maternidad es un papel de suma importancia para las mujeres hispanas/latinas y, en consecuencia, se espera que una mujer se sacrifique por sus hijos y asuma el papel de cuidadora de los miembros mayores de la familia. Aunque la aculturación y la participación femenina en la fuerza laboral pueden afectar estas funciones, todavía están fuertemente arraigadas en el pensamiento y en el comportamiento de los hispanos/latinos[7].

A continuación abordaremos el tema de cómo los profesionales pueden comunicarse con las personas hispanas/latinas de una forma que tenga en cuenta su cultura, incluyendo los aspectos clínicos y educativos. Aunque este libro está dirigido a padres y personas a cargo de los niños, les recomendamos a los profesionales que tomen las siguientes medidas para comunicarse de manera efectiva con los hispanos/latinos.

Tal como lo expresaba doña Irma en el caso relatado en capítulos anteriores, el papel de los profesionales de la salud es vital. Se recomienda que los profesionales sigan unas pautas culturalmente apropiadas para comunicarse efectivamente con los hispanos/latinos. La siguiente es una lista dada por los Centros para el Control y la Prevención de Enfermedades (CDC por su sigla en inglés) en los Estados Unidos[8].

- Llégueles a los consumidores hispanos/latinos a través de publicaciones personalizadas en español que respondan a los intereses y neccsidades de su estilo de vida. Considere el uso de anuncios bilingües.

- Use la radio y la televisión. Las investigaciones muestran que, aunque los hispanos/latinos son buenos consumidores de todos los medios de comunicación, parece que se sienten atraídos especialmente hacia la radio y la televisión. Sea sensible al uso del lenguaje, lo cual tiene que ver menos con aptitud y más con el significado cultural que se le adjudica. Para los hispanos/latinos en los Estados Unidos, el español es una seña clave de su identidad personal, social y política. Como resultado, la televisión en español sigue siendo importante, incluso para aquellos que dominan el inglés y que habitualmente ven la televisión en inglés. En la comunicación con los hispanos/latinos, la cuestión no es si se debe usar una lengua o la otra, sino que se trata de integrar cuidadosamente los dos idiomas para comunicarse mejor con el consumidor Hispano /Latino de los Estados Unidos.

- Comprenda que es importante dirigir los mensajes que tienen que ver con la salud tanto a los hombres como a las mujeres. Los hispanos/latinos suelen subscribirse a los valores del machismo y del marianismo, que definen culturalmente las cualidades que se espera ver en los hombres y en las mujeres.

- Coordine las actividades de compromiso con la comunidad a través de organizaciones y de personas bien conocidas y de confianza. Por ejemplo, las *promotores* asesoran a la comunidad en temas de salud y se les puede contactar a través de centros de salud comunitarios. Ellos visitan las casas, trabajan individualmente con las familias, y cuentan con su confianza.

- Entienda que los hispanos/latinos están asimilándose a la cultura prevalente de los Estados Unidos, pero no están, y probablemente nunca lleguen a estar, totalmente asimilados. Por el contrario, se encuentran en un proceso de aculturación. Es un proceso de integración de los valores culturales natales y tradicionales de los inmigrantes con los valores culturales dominantes.

- Debido a sus valores colectivistas y a su tendencia a dejar que otros los guíen en sus decisiones y opiniones, considere llegar a ellos a través de las redes sociales, como Facebook y Twitter, que facilitan este intercambio colectivo de información y comunicación.
- Preste especial atención a la diversidad cultural que existe dentro de la población hispana/latina cuando lleve a cabo valoraciones sanitarias y actividades de promoción, y reconozca que los subgrupos de la población hispana/latina, como los mexicanos, puertorriqueños, españoles y cubanos, difieren en sus estilos de vida, en sus creencias sobre la salud y en sus prácticas de salud[9].

Llegado a este punto, usted puede preguntarse qué tienen que ver estos rasgos culturales con la forma en que usted, como padre o cuidador, eduque a sus hijos sordos o con dificultades auditivas. El caso de doña Irma, que mencionamos anteriormente, puede responder a esta pregunta. En el siguiente ejemplo, Doña Irma no sólo habla de su papel como madre, sino que también aporta algunas recomendaciones para padres, cuidadores y profesionales de la salud.

"Todos los días me iba llorando a recoger a mi hijo, pero encontré consuelo en mi clase de lenguaje de señas americano (ASL, por su sigla en inglés). Todos los profesores me dieron apoyo. Uno de los maestros de ASL invitó a un grupo de estudiantes de la escuela secundaria, y todos eran sordos. Algunos de ellos usaban dispositivos para ayudarse a oír, otros llevaban implantes y otros no llevaban nada; pero todos usaban el ASL. Fue entonces cuando me prometí a mí misma que mis hijos algún día dirían: 'Me siento orgulloso de ser sordo y me siento orgulloso de ser quien soy, porque mi madre así me lo enseñó'. Traté de tener varias conversaciones con los estudiantes, pues no quería que mis hijos terminaran teniendo que soportar lo mismo que habían sentido otros niños, como el no poder comunicarse con sus madres o el no ser incluidos en las actividades familiares. Sí, al principio, me sentí muy triste, como si se me hubiera acabado el mundo. Pero no me sentí así por mis hijos, pues nunca he sentido que mis hijos fueran inferiores. Creo que experimenté esos sentimientos cuando escuché por primera vez el diagnóstico de la sordera de mi hijo, por la tristeza tan profunda con la que la audióloga me habló. Creo que esa es la razón por la que me sentí de esa manera. Por eso, recomiendo que los profesionales de la salud aprendan a hablarle a los padres de una manera más optimista. A los padres y cuidadores les sugiero lo siguiente:

- Ame a su hijo y siéntase siempre orgulloso de quien es. El o ella es una persona muy especial, simplemente porque es su hijo o hija.

- Es muy importante que la esposa y el marido se apoyen. Sé que el diagnóstico de la sordera de un hijo es difícil, pero los padres deben encontrar su propia manera de sobrellevarlo y de apoyar a sus hijos de una manera positiva. Es muy importante que el marido apoye a su esposa en la educación de los hijos y que ayude de forma activa con las tareas diarias. A menudo, hay varias citas médicas y de la escuela, y la madre no puede ser la única que lo haga todo. Si los niños ven que los padres trabajan juntos y se apoyan mutuamente, sentirán que están creciendo en una familia unida.

- Creo que la familia lo es todo, y la unidad familiar es la clave para que nuestros hijos crezcan sanos y tengan éxito. Si la familia extendida ve que la familia nuclear está unida, ellos les aportarán más apoyo. Es muy importante involucrar a la familia extendida, como por ejemplo, a los abuelos, tíos y primos, explicándoles por qué su ayuda es tan necesaria.

- La recomendación más importante es que los padres traten a sus hijos como tratarían a cualquier otra persona. La única diferencia es que el niño no puede oír. Mis hijos me enseñaron que ellos pueden hacer cualquier cosa. Lo único que no pueden hacer es oír".

Los hijos de doña Irma y don Miguel viven en un jardín silencioso. Este jardín no tiene palabras habladas, pero está lleno de comunicación. Doña Irma y don Miguel son dos buenos ejemplos para los padres y cuidadores hispanos/latinos, porque aprecian la belleza y la tranquilidad que el silencio le aporta a un jardín, al mismo tiempo que apoyan la comunicación activa y la meta de sus hijos de desarrollarse plenamente y alcanzar el bienestar.

Notas

1. Renuka Sundaram Raghuraman, "The Emotional Well-Being of Older Siblings of Children Who Are Deaf or Hard of Hearing and Older Siblings of Children with Typical Hearing" ["El bienestar emocional de los hermanos mayores de los niños sordos o con limitaciones auditivas y de los hermanos mayores de los niños con audición normal"], *The Volta Review* 108, no. 1 (2008): 5–35.

2. Dale V. Atkins, "Siblings of the Hearing Impaired: Perspectives for Parents" ["Los hermanos de la personas con limitación auditiva: Perspectivas de los padres"], *The Volta Review* 89, no. 5 (1987): 32–45.

3. Lynne Koester y Kathryn P. Meadow-Orlans, "Parenting a Deaf Child: Stress, Strength, and Support" ["La crianza de un niño sordo: El estrés, la fuerza y el apoyo"], in *Educational and Developmental Aspects of Deafness* [en *Los Aspectos Educativos y de Desarrollo de la Sordera*], ed. Donald F. Moores y Kathryn P. Meadow-Orlans (Washington, DC: Gallaudet University Press, 1990) [(Washington DC: Impresora de la Universidad de Gallaudet, 1990)]: 229–320.

4. Stephen Bank y Michael D. Kahn, *The Sibling Bond [El vínculo entre los hermanos]* (New York: Basic Books, 2003): 134.

5. Dale Atkins, "Siblings of the Hearing Impaired: Perspectives for Parents" ["Los hermanos de la personas con limitación auditiva: Perspectivas para los padres"], *The Volta Review* 89, no. 5, (1987): 32–45.

6. Susan Antunez, *Language Development of Hispanic Deaf Children [Desarrollo del lenguaje en los niños sordos hispanos]*. Disponible en línea en www.deafed.net/publisheddocs/sub/97c526.htm.

7. Gregory Juckett, "Caring for Latino Patients" ["Cuidando a los pacientes latinos"], *American Family Physician [Médico de Familia Americano]* 87, no. 1 (2013): 48–54.

8. Centers for Disease Control and Prevention [Centros para el Control y la Prevención de Enfermedades], *Cultural Insights; Communicating with Hispanics/Latinos* [*Perspectivas culturales; Comunicándose con los hispanos/latinos*] (Washington, DC: Centers for Disease Control and Prevention, Office for the Associate Director of Communication, Division of Communication Services, 2012) [Washington, DC: Centros para el Control y la Prevención de Enfermedades, Oficina del Director Asociado de Comunicación, División de Servicios de Comunicación, 2012]. Disponible en línea en http://stacks.cdc.gov/view/cdc/13183/.

9. Ibid.

Epílogo: *Pensamientos finales*

¡ENHORABUENA! AHORA hemos terminado. Le hemos hablado de las cuestiones principales que usted tendrá que afrontar si tiene un hijo sordo o con limitaciones auditivas dentro del contexto de la cultura hispana/latina y también le hemos contado muchas historias que esperamos contribuyan al éxito de su hijo sordo o con limitaciones auditivas. Aún así no podemos dar nuestro trabajo por terminado sin regresar una vez más al aspecto más fundamental de criar a un hijo sordo: *la comunicación.*

La comunicación es el núcleo de las dificultades—y de las victorias—asociadas con la sordera. Puede que usted recuerde la frase que citamos anteriormente en este libro: *El ser sordo no tiene que ver con la capacidad de oír sino con la comunicación.* Si antes le resultó extraña esta noción, esperamos que su significado le sea ahora más claro. Por ello queremos aprovechar esta última oportunidad para explorar el por qué. No es necesario ir muy lejos para encontrar una respuesta—basta con preguntar a un grupo de adultos sordos.

Pregúntele a los adultos sordos que tienen padres y hermanos oyentes cuál es el problema más importante que ellos recuerdan de cuando vivían con sus familias y sus respuestas casi siempre tendrán que ver con la comunicación. En este libro hemos discutido que además de los retos habituales que plantea la comunicación interpersonal, también surgen otros relacionados con los patrones interculturales de comunicación que existen dentro de la cultura hispana/latina. Dos elementos culturales básicos de la cultura hispana/latina son la espiritualidad y la fe. El caso de doña Irma y don Miguel, ilustrado en este libro, da testimonio de la existencia de estos elementos culturales:

"Cuando la audióloga sugirió que llevara a mi otro hijo a que le hicieran la prueba, ya que podría ser algo genético, volví a casa y me sentí como si el mundo se me hubiese caído encima. Cuando me confirmaron el diagnóstico de sordera de mi segundo hijo, pensé: 'Oh Dios mío, ahora ¿qué voy a hacer con dos hijos sordos? Oré mucho y leí la Biblia, y hallé un sentimiento de esperanza'".

Otro valor cultural de especial importancia en la cultura hispana/latina es el énfasis en la familia nuclear y en la familia extendida. Esto se ilustra en la siguiente cita:

"Creo que la familia lo es todo y que la unidad familiar es la clave para que nuestros hijos crezcan sanos y tengan éxito en la vida. Si la familia extendida ve que la familia nuclear está unida, aportarán más apoyo. Es muy importante incluir a la familia extendida, como, por ejemplo, a los abuelos, tíos y primos, explicándoles por qué su ayuda es tan necesaria".

También hemos hablado del monolingüismo (inglés, español, ASL), del bilingüismo (inglés-ASL, inglés-español, español-ASL) e incluso de la comunicación en tres idiomas (inglés-español-ASL o ingles-español-LSM). La complejidad de las estructuras de cada idioma añaden un reto más a los retos de los patrones habituales de comunicación.

Aquí hay otros ejemplos de entrevistas a padres que muestran el impacto de la comunicación:

"Pensé que las personas sordas no podían hablar, porque me dijeron que mi hijo mayor nunca hablaría. El profesor me dijo: 'Mire, estoy usando un dispositivo para ayudarme; eso quiere decir que estoy entendiendo lo que usted dice pero por favor hábleme despacio'. También me dijo que si quería que mi hijo fuese capaz de ser independiente y de tener un buen futuro, lo mejor que podía darle era el lenguaje visual. Me dijo: 'Las personas sordas como yo se comunican con el lenguaje visual. Una vez que usted sea capaz de comunicarse con su hijo, todo le resultará menos frustrante, porque a veces los niños sordos lloran y se enfadan porque no se les entiende'".

"Mi familia nunca me incluía en las discusiones durante la cena, en planear los acontecimientos familiares ni en nada. Ellos sólo hablaban alrededor mío y tal vez me acostumbré a ello. Pero nunca dejé de sentirme aislado".

"Hubo muchas cosas que ellos pensaban que yo entendía pero que nunca comprendí. Y nadie reparó en explicármelas. Ni siquiera llegué a entender quiénes eran mis tíos y mis tías hasta que tuve veinte años".

"*Nunca* nadie me presentó a otra persona sorda. ¿Sabe?, una vez que me di cuenta de que yo era diferente del resto de mi familia, pensé que era la única persona en el mundo como yo. Creí que nunca nadie iba a entenderme y que nunca entendería a nadie en toda mi vida. Sólo cuando empecé a ir a la escuela y aprendí a hacer señas pude tener una conversación sin sentirme nervioso y deprimido—o completa y totalmente diferente".

"Mis padres eran estrictos y perfeccionistas. Crecí usando la comprensión auditiva y el lenguaje hablado y no creo haber tenido una sola conversación en la que mis padres no estuviesen corrigiendo mi habla y asegurándose de que hablara claramente y revisando mis audífonos. Todo el *contenido* se perdía, la *diversión* se perdía y el *significado* se extraviaba. Nuestras conversaciones no tenían que ver con la comunicación, sino con mis habilidades orales y con que lo hiciera bien. Parecía que lo único que les importaba a mis padres era que yo hablara y leyera los labios perfectamente. Era agotador y me ponía muy nervioso. Llegué a detestar el tener cualquier tipo de conversación".

En este libro, también hemos hablado de que las particularidades de comunicarse con los profesionales de la salud y con los proveedores de servicios de salud añaden desafíos al proceso de comunicación. Los individuos hispanos/latinos sordos o con dificultades auditivas, así como los cuidadores y los padres, se enfrentan a múltiples retos en la comunicación con los profesionales de la salud, porque los ven como "expertos" y su cultura les condiciona a aceptar sus consejos sin ponerlos en tela de juicio. La importancia de la comunicación entre padres y profesionales de la salud quedó claramente ilustrada en este libro con el caso de doña Irma y don Miguel. Su historia habla claramente de la importancia de adoptar una actitud positiva, no sólo por parte de los padres o personas a cargo, sino también por parte de los profesionales de la salud.

"Por mi insistencia y preocupación, le hicieron las pruebas a los dos años. Finalmente, después de la prueba de audición, la audióloga me dijo que mi hijo era sordo y que tenía una pérdida auditiva bilateral profunda. Me pregunté, '¿Qué es eso?'. Nunca olvidaré la manera en que ella me dio la noticia. Me dijo: "Lo siento mucho, pero su hijo no puede oír". Me sentí muy triste por la forma en que ella me lo dijo. El tono de su voz lo hizo sonar como si fuera la peor noticia del mundo".

Nosotros los autores creemos firmemente que la gente oyente da por asumido el tema de la comunicación. No los culpamos por ello—es fácil asumir algo cuando uno no tiene que preocuparse por ello. Al asumir que la comunicación es algo obvio, los padres de niños sordos o con limitaciones auditivas pueden olvidarse de que la verdadera función de la comunicación es usar el lenguaje para compartir e intercambiar información, sentimientos y experiencias.

Tenga siempre en cuenta esto cuando busque opciones educativas. No se quede atrapado en las polémicas del tema de la educación de los sordos: lo importante no es encontrar *la forma correcta* y pensar que todas las otras son inadecuadas o peores, sino más bien encontrar el modo de comunicación y el programa de educación *que mejor* se ajusten a su hijo y a su familia para dejar que la comunicación empiece a fluir tan pronto como sea posible.

Siempre habrá nuevas ideas acerca de la sordera y de la educación de los sordos. En los años setenta, después de varias décadas en las que solamente existía la educación oral para sordos, la comunicación total pareció ser la respuesta; más recientemente los audífonos digitales y los implantes cocleares arrasan con nuevas promesas que sólo se están viendo cumplidas parcialmente. Sin embargo, este tipo de tendencias son sólo transitorias—y secundarias. Lo primero es encontrar aquello que funcione para su familia y que les permita comunicarse a los unos con los otros. Su papel como padre es asegurarse de que usted, su hijo, los otros hermanos, la familia extendida y un gran número de amigos y de aliados, tanto sordos como oyentes formen una dinámica red de aprendizaje, de investigación y de reflexión; es decir, que se relacionen de una manera significativa.

Busque libros y otros recursos publicados, ya sea en forma impresa o en línea, que abarquen el tema al completo—la relación de la sordera con la comunicación, con la educación, con la familia y la vida social y emocional. En resumidas cuentas, todos los temas que van a afectar a su hijo y a su familia tanto a corto como a largo plazo.

A menudo, los padres nos dicen que, dada la fuerte polémica que rodea ciertos temas, se preguntan si la información que obtienen es de fiar. Nuestra respuesta es la misma de siempre: siga leyendo, hablando, entrevistando y recogiendo información, y al mismo tiempo use el sentido común para discernir todo lo que usted aprenda. También les decimos que les pregunten a los verdaderos *expertos*—los adultos sordos que han crecido experimentando la sordera y que han tenido que sobrellevarla toda su vida. Nadie entiende mejor que ellos, los sutiles y a veces secretos pormenores que implica el ser sordo.

Hemos conocido a muchos de nuestros amigos sordos a lo largo de la mayoría de sus vidas. Ellos provienen de todo tipo de orígenes y de distintas partes del país. Muchos de ellos se criaron teniendo una relación maravillosa con su familia, comunicándose activamente con ellos tal y como se ha descrito en este libro. Pero hay algunos miembros de nuestro grupo que siempre se han sentido extraños en sus propias familias. Otros se sienten excluidos por ciertos miembros de su familia que nunca han aprendido a comunicarse con ellos.

Tomemos como ejemplo a Patrick. Aunque su padre sabe que es muy inteligente, lo ve como un individuo misterioso y que no se parece a nadie más en la familia—prácticamente como a un extraño. Nosotros, los autores de este libro, vemos que Patrick se parece mucho a su padre. Vemos que tienen la misma personalidad y hábitos de comunicación, la misma forma excéntrica de pensar, el mismo temperamento y el mismo buen corazón. El parecido familiar prácticamente salta a la vista y nos conmueve. El problema es que el padre de Patrick no conoce a su hijo y probablemente nunca llegará a conocerlo porque no ha encontrado una manera de comunicarse con él. Para él, hay un muro impenetrable que rodea a su hijo; un muro llamado "sordera". Pero para nosotros no hay un muro que nos impida conocer a Patrick. Para nosotros y para otros amigos y conocidos que se comunican con él a través del lenguaje de señas, él es muy fácil de conocer y de apreciar. El es simplemente... Patrick.

El ser sordo no tiene que ver con la capacidad de oír, sino con la comunicación.

Por encima de todo, y a fin de cuentas, la comunicación se limita simplemente al intercambio de ideas e información, o al intercambio de emociones y experiencias. La riqueza del diálogo intercultural se ve claramente en la comunicación de los individuos hispanos/latinos sordos o con limitaciones auditivas. La comunicación se basa en conocerse *y en* entenderse el uno al otro. Se basa en permitirnos valorar quiénes somos y de dónde venimos. Es lo que nos permite comprender la cultura en la que crecemos y su influencia en quienes somos.

Y hay que conocer primero para poder empezar a entender.

Apéndice: Recursos para padres

Alexander Graham Bell Association for the Deaf [Asociación para Sordos Alexander Graham Bell]
3417 Volta Place, NW
Washington, DC 20007-2778
202-337-5220
www.agbell.org

American Society for Deaf Children [Sociedad Americana para Niños Sordos]
800 Florida Avenue, NE, #2047
Washington, DC 20002-3695
1-800-942-2732 (ASDC)
https://deafchildren.org

American Speech, Language, and Hearing Association [Sociedad Americana para el Habla, el Lenguaje y la Audición]
2200 Research Boulevard
Rockville, MD 20850-3289
800-638-8255
www.asha.org

Association of Late Deafened Adults (ALDA) [Asociación para Adultos con Sordera Tardía-ALDA]
8038 Macintosh Lane, Suite 2,
Rockford, IL 61107
815-332-1515
www.alda.org

Center for Education Research Partnerships National Technical
Institute for the Deaf (NTID)
Rochester Institute of Technology [Centro para la Colaboración
en Investigación
Educativa del Instituto Nacional Técnico para Sordos (NTID) Instituto de Tecnología Rochester]
52 Lomb Memorial Drive
Rochester, NY 14623-5604
585-475-6400
www.rit.edu/ntid/educatingdeafchildren/

Council for Exceptional Children [Concilio para Niños Excepcionales]
2900 Crystal Drive, Suite 1000
Arlington, VA 22202
888-232-7733
www.cec.sped.org/Tools-and-Resources/For-Families

DawnSignPress [Impresora Dawn Sign]
6130 Nancy Ridge Drive
San Diego, CA 92121
858-625-0600
800-549-5350
www.dawnsign.com

Federation for Children with Special Needs [Federación para Niños
con Necesidades Especiales]
529 Main Street, Suite 1M3
Boston, MA 02129
617-236-7210
http://fcsn.org/

Gallaudet University Press [Casa Impresora de la Universidad de
Gallaudet]
800 Florida Avenue, NE
Washington, DC 20002-3695
(202) 651-5488
http://gupress.gallaudet.edu

Hands and Voices [Manos y Voces]
P.O. Box 3093
Boulder, CO 80307
303-492-6283
866-422-0422
www.handsandvoices.org/

Harris Communications [Comunicaciones Harris]
15159 Technology Drive
Eden Prairie, MN 55344
800-825-6758
www.harriscomm.com

Laurent Clerc National Deaf Education Center [Centro Nacional de Educación para Sordos Laurent Clerc]
Gallaudet University
800 Florida Avenue, NE
Washington, DC 20002
202-651-5855
www.gallaudet.edu/clerc-center.html

National Association of the Deaf [Asociación Nacional de los Sordos]
8630 Fenton Street, Suite 820
Silver Spring, MD 20910
https://nad.org

National Cued Speech Association [Asociación Nacional para el Habla Complementada]
1300 Pennsylvania Avenue, NW, Suite 190-713
Washington, DC 20004
800-459-3529
www.cuedspeech.org/

The S.E.E. Center [Centro S.E.E.]
P.O. Box 1181
Los Alamitos, CA 90720
562-430-1467
www.seecenter.org/

John Tracy Clinic [Clínica John Tracy]
806 West Adams Boulevard
Los Angeles, CA 90007
213-748-5481
www.jtc.org

Visual Language and Visual Learning Science of Learning Center [Centro para el Lenguaje Visual y la Ciencia del Aprendizaje Visual]
Gallaudet University
800 Florida Avenue, NE
Washington, DC 20002-3695
202-651-5000
http://vl2parentspackage.org/